PROCURATORIAL STUDY

检察研究

江苏省人民检察院◎组织编写　　编委会主任◎刘华

2020年 · 第2辑

目录 Contents

主题研讨

前沿探讨

调查报告

检察实务

案例分析

主题研讨

“案—件比”为核心的检察案件质量指标体系的运用及完善

江苏省苏州市人民检察院课题组*

摘要:检察案件质量指标体系是对检察机关办理案件进行整体评价的“度量衡”,其中处于核心位置的“案—件比”指标从人民群众感受角度出发,体现了为人民司法的思想。这一指标体系出台后,对实际司法办案起到指导作用。正确运用“案—件比”指标,需要把握好其与其他指标的关系。“案—件比”指标也带来了对检察统计方法的反思,需通过一定的统计学构造,使“案—件比”的主导思想更加清晰地展示。

关键词:案—件比　案件质量　指标体系　合理区间　统计方法

案件质量指标体系是反映案件质量的方法与规则,它综合运用各种案件指标判断办案的效率、效果,最终对案件质量进行评判。检察案件质量指标体系作为统计项目的集成应用,以法律规定为基础,来源于检察办案实践。其中,“案—件比”处于案件质量指标体系的核心位置,对案件质量指标体系的考察需要综合运用统计学、管理学等方法。

一、以“案—件比”为核心的案件质量指标体系的价值

(一)质量指标体系适应了检察职能调整变化

质量指标体系是一项系统性工程,通过统一设定指标内容,客观反映检察机关办案

---

* 课题组成员:江苏省苏州市人民检察院案管部主任薛小红;江苏省苏州市人民检察院案管部副主任张凤军;江苏省张家港市人民检察院检察官闫振东;江苏省太仓市人民检察院检察官霍磊;江苏省苏州市姑苏区人民检察院检察官龙飞。

质量的总体情况。对案件质量指标体系的认识是一个不断深化的过程,早在 2011 年法院系统就修订完善了案件质量评估指标体系。时任最高人民法院副院长的张军同志对主要内容的修改进行说明时指出,指标体系设定公正指标 11 个、效率指标 10 个、效果指标 10 个。[①] 其目的是通过客观的数据反映案件质量整体情况,以便对案件质量进行判断,进而指导法院办案。而检察机关长期以来相关的顶层设计不足,上级对下级考核的办案质量指标较为粗放。2020 年 1 月 9 日,最高人民检察院印发了《检察机关案件质量主要评价指标》,实现了从无到有、从宏观到微观、从粗放到细致的转变,积极适应了检察职能的变化。本次质量指标体系涵盖了 51 组 87 项指标,涉及四大检察的全部业务,是根据检察机关新的形势任务做出的重大调整,能够客观全面反映检察办案态势。

(二)“案—件比”是检察机关落实以人民为中心发展思想的重要体现

“案—件比”的重要意义在于引导各地检察机关通过提高办案质效,将上一个诉讼环节的工作做到极致,以减少不必要的诉讼环节,从而节约司法资源,提升人民群众的满意度。这是检察机关落实以人民为中心发展思想的重要体现。此前,检察机关质量评价机制提出要引入外部评价,引入人民监督员、律师评价等,但是对检察工作感受最深的不是这几类人群,而是案件当事人,包括被害人和犯罪嫌疑人及其家属。如果要真正体现检察机关工作是否切实落实“以人民为中心”的司法理念,通过引入人民监督员或者律师给予外部评价,并不科学合理。但是如果让案件的当事人来进行评价,一是无形中增加了工作量,二是有可能会导致检察官在获取好评与司法公正之间做出两难选择。而通过对“案—件比”指标的分析,可以看到每个当事人对案件办理质效的感受。

(三)“案—件比”更能体现出检察机关自身工作质效

与其他案件质量评价标准相比,“案—件比”相对来说更能体现出检察机关自身工作开展的情况。通过对“案—件比”考察,可以相对准确对某个地区、某个检察院、某个业务条线或者业务部门、某个检察官的办案效率进行评价,通过对增加的件的具体种类进行考察,也可以对办案质量进行评价。比如,对因国家赔偿增加的件通常是由于错案导致,这应该属于案件的重大质量问题,而因不批捕、不起诉引起的申诉,或者复议和复核,则有可能是由于释法说理工作的不到位所导致的。

二、“案—件比”的内容与牵连因素

(一)“案—件比”的计算方法

“案”是指发生的具体案件,也就是当事人所涉司法事件为案。以刑事案件为例,从统计意义上讲,案的选取最符合刑事案件当事人感受的是检察机关受理的审查逮捕案件和审查起诉案件。但由于二者存在重合,因此宜将受理的审查逮捕案件数与扣除采取逮

---

① 参见《最高人民法院修订案件质量评估指标体系》,载中国新闻网,2011 年 3 月 22 日。

捕强制措施的审查起诉案件数之和作为"案"的基准数。"件"是指这些具体的案进入司法程序后所经历的有关诉讼环节统计出来的件,简言之,就是司法机关各种办案活动为件。为反映当事人诉累感受以及评价检察机关的办案质效,"件"的选取重点是指原本可以避免或者减少发生,但因前一个环节未将工作做到极致而产生,引起当事人诉累感受的诉讼环节。以刑事检察为例,根据统计数据的获取方式不同有两种计算方式:一种是同时段概算法。即用一个时间段内办理的刑事案件数与有关诉讼环节案件数之和相比较,得出一个比例关系。现有的业务统计是各项业务活动在同一时段的数量反映,而不是同一批案件的跟踪反映,所以"案"与"件"不是一一对应关系。比如,A 时间段受理审查起诉 100 件案件,A 时间段不起诉复议复核等各类业务活动 50 件,这 50 件并不一定是针对 A 时间段受理的 100 件案件开展的业务活动,可能是对 A 时间段之前受理的案件所开展的业务活动;同时,这 50 件也不包含这 100 件案件中在 A 时间段未办结,从而在 A 时间段之后所开展的有关业务活动。但是计算 A 时间段的"案—件比",只能用 100 比 150,得出 1∶1.5。另一种是跟踪测算法。即对于一个时间段内的终结性诉讼活动,比如生效判决案件,具体向前查询这些案件之前经历的有关诉讼环节,用生效判决数与这些环节案件数之和相比较,得出一个比例关系。这种"案"与"件"是直接对应关系,最能直观地体现观测意图,比较科学准确。

(二)"案—件比"与指标体系的关系

从目前最高人民检察院计算使用的 16 项"案—件比"的指标①来看,"案—件比"指标是其他指标的集中合成,与其他单一指标不是同一概念。在逻辑定位上,"案—件比"指标与指标体系其他的单一指标不在一个层面,"案—件比"指标属于核心层次的内容,处于统领地位,是多种指标的集中应用,综合了计算方法、价值判断、逻辑推理等各种要素。虽然"案—件比"指标处于统领的核心地位,但"案—件比"也并不是一个孤立指标,"案—件比"与其他指标一起,相互牵制、相互平衡,共同反映办案活动的数量、质量、效率和效果。同样,对一个检察院、检察官的办案质效,既可以用"案—件比"指标来综合评价,也可以通过 16 项指标的两种或多种进行综合评价;或者在"案—件比"指标不优的情况下,通过其他指标的突出来进行评价调节,共同推动实现"有数量的质量、效率和有质量、效率的数量"的办案目标。

(三)"案—件比"的关联要素

设置"案—件比"评价指标的目的是促使案件承办人提高办案质效。根据"案—件

---

① 这 16 项"案—件比"指标是:1. 批捕(不批捕)申诉;2. 不批捕复议;3. 不批捕复核;4. 一次延长审查起诉期限;5. 二次延长审查起诉期限;6. 三次延长审查起诉期限;7. 一次退回补充侦查(扣除直诉案件中未提前介入案件);8. 二次退回补充侦查;9. 不起诉复议;10. 不起诉复核;11. 不起诉申诉;12. 撤回起诉(扣除因法律、司法解释改变而撤回起诉的);13. 法院退回(扣除因被告人不在案而退回的);14. 被告人上诉;15. 检察机关建议延期审理;16. 国家赔偿。

比”的计算方法,“案—件比”最优状态是 1∶1,在案的数量不变的情形下,只有控制件的数量,才能使“案—件比”趋于最优状态。故“案—件比”的关联因素重点在于降低件的数量。而降低件的主要方式在于控制 16 种案件的数量。虽然这些件某种意义上是刑事诉讼法的正当程序,但这些指标因素可以通过人的主观能动予以调节,如通过提高工作效率,将工作做到极致而减少延长审查起诉期限、减少退回补充侦查次数。在捕诉一体情况下,通过逮捕后强化跟踪侦查,一边侦查、一边审查、一边引导协调推进,最终夯实案件质量,避免出现延长和退查,进而实现“案—件比”的最优。在全面推行认罪认罚从宽制度下,通过提高认罪认罚适用率,实现案件繁简分流,提高审查效率,节省司法资源,加强精准量刑建议的提出率,为犯罪嫌疑人提供确定的量刑预期,提升量刑建议采纳率,从而降低上诉率。严格控制退查程序和延长审查起诉期限程序,通过设置一定的审核把关程序,将借时间的退查予以剔除,对可以自行侦查或通过调取证据通知书来完成的取证工作尽可能采取上述方式。对确因客观需要而退查的,则加强文书说理,按照为何查、怎么查、查什么,明确补查目的、方法、内容,退查后也要跟踪补证情况避免二次退查。进一步加强释法说理的力度,将罪与非罪、此罪与彼罪、罪轻罪重的道理说清楚,通过主动释法说理化解矛盾,做好案件当事人息诉罢访工作。

三、“案—件比”指标的实际应用

(一)理性看待“案—件比”指标

从实际应用情况来看,影响基层院“案—件比”指标的因素主要有 16 项中的 4 项内容,即延长审查起诉期限、退回补充侦查、上诉和检察机关建议延期审理。从江苏检察实际情况看,上述 4 项内容占了件数的 45.79%,相当于案数的 85%。降低延长审查起诉期限与退回补充侦查案件数,“案—件比”指标就会大幅度下降,但其他指标有可能上升,比如撤回起诉率、审查起诉案件准确改变定性率、捕后判轻刑缓刑率等。“案—件比”指标不是全部指标的集中反映,它处在案件质量核心位置,仅是从数据上反映了人民群众对检察办案的感受度,综合判断检察工作质量还需要与其他指标相关联进行评价。追求“案—件比”指标应建立在正确的工作理念下,即按照张军检察长提出的极致办案理念,以提高办案效率、办案质量为目标,通过严把案件证据关,有效发挥检察机关主导责任,积极适应以审判为中心的刑事诉讼制度改革,把认罪认罚制度落实到位,体现检察机关在刑事案件办理中的作用。“案—件比”指标综合了其他指标的内容,在检察管理中应作为重要工作予以重视,但不能刻意为了降低该指标对具体要素进行人为干预。不以提高办案质效为目标的人为干预,也就失去了指标评判检察办案的根本价值。

(二)允许一定区限“案—件比”的存在

刑事检察中的退回补充侦查、延长审查起诉办案期限、上诉、检察机关延期审理等 16 项指标,均是刑事诉讼法规定的程序,这些程序设定符合刑事诉讼办案实际,基于特殊案件的特殊情况产生。如退回补充侦查案件,是在检察办案环节经审查发现案件事实不清、证据不足,需要公安机关继续调查的情形,退回公安机关继续侦查。在实际执行中,该制度的功能和价值容易被异化,有的公安机关与检察机关长期重配合协作轻监督制约,导致事实不清、证据不足的案件进入了检察审查起诉环节。也有的案件确实属于疑难复杂,在侦查环节规定期限内很难查清犯罪事实,先移送审查起诉,借用检察办案时间继续开展侦查。判断案件是否符合退回补充侦查案件的因素有很多,核心要素是案件疑难复杂程度,单凭案件数据看不出具体情况,需要具体案件具体分析。在设定件数指标时,把取保候审移送审查起诉案件一退就不计入件数统计范围,符合检察工作的实际情况。"案—件比"达到极致状态作为检察办案追求的目标,从基层办案实际看,"案—件比"不可能达到1∶1。基层院存在一定量的疑难复杂案件,这些案件需要退查和延长办案期限,如果不去退查和延长,一味追求和谐,检察机关的监督指标就会呈现另外一个极致的状态。合理区限的"案—件比"指标需要对构成要素的权重合理运用,目前是简单根据案数与件数进行计算。16 项件数指标在"案—件比"中的分量应有所区别,比如批捕(不捕)申诉、不捕复议复核、国家赔偿、不诉复议复核、撤回起诉、法院退回等指标与退回补充侦查不在同一个分量上,其价值和对办案带来的影响也远远高于退回补充侦查等指标,这些指标应设置一定的权重来重新定义"案—件比"的计算方法。如国家赔偿案件是在具备一定条件下,检察机关方承担赔偿责任。违法刑事拘留或超期刑拘,决定撤销案件、不起诉或者宣告无罪终止追究刑事责任,这些都属于比较严重的情形,在设定国家赔偿案件权重时,可以适当考虑增加权重比例。对退回补充侦查、延长办案期限等刑事诉讼法规定的措施,可以适当降低在整个计算过程中的权重比,最后综合得出"案—件比"的科学数值。

(三)把"案—件比"与其他指标综合应用

"案—件比"处于综合指标的核心地位,但不是唯一指标。所以评判检察办案质量,其他办案指标同样不能忽视,一些传统的办案指标也应作为评判因素。如经过审查逮捕环节的案件一次退回补充侦查率、二次退回补充侦查占一次退回补充侦查率属于审查起诉环节的评价指标,而"案—件比"中把未经过审查逮捕环节的案件退回补充侦查作为一项计算要素,在统计计算上从不同侧面反映了指标需求。大的区域范围内的数据统计反映了各地办案实际,以利于重点性强化弱项指标,但指标并不能作为评判检察办案的好坏,各个办案指标在总指标系数的比重也要动态变化。对于具体基层院运用这些指标抓好检察管理,在指标应用上可以更加具体、细化到具体案件,把退回补充侦查的案件明细列出,运用好案件质量评查、数据统计分析的手段,抓好具体案件的管理。对于"案—件比"指标的应用也应处于核心地位,把该指标与其他指标综合起来反映检察办案质量,基层院在实际运用中可以基于实际情况核算出"案—件比"指标的合理区间,探索运用跟踪测算法计算罪名"案—件比"分布、承办人的"案—件比"等,对于出现异常情况的案件类型实施预警，实时跟踪承办人的“案—件比”情况，及时预警提示。

四、“案—件比”指标对检察办案统计方法带来的反思

（一）传统统计方法的利弊分析

现行统计方法是按照检察办案的门类进行，如审查批准逮捕案件、公诉案件按照年度编号，这些最常见和基本的编号方法，完全遵循办案规则和办案规律进行。若新增加了办案类型，则增加相应的分类及编号，如羁押必要性审查案件，按照办案程序设计了建议函，以建议函的形式进行编号，这些编号与批捕案件、公诉案件的编号未建立关联，需要关联相关要素。羁押必要性审查案件是履行法律规定的职权，对当事人权利义务产生重大影响，属于检察办案，但其办案程序、办案效力与公诉、侦监案件相比，在责任承担、价值判断上都不在同一档次，但不能否认该类型案件属于检察办案。由此检察办案的种类越来越精细化，分类也越来越多，仅刑执部门就有交付执行检察档案、法院裁定审查案件、财产刑执行检察档案、事故检察案件等 30 个种类，侦监、公诉有 22 个办案种类，民行有 21 个办案种类，未检有 57 个办案种类，这些办案种类均来自于办案规则，但其数量触目惊心，除几种常用的办案种类，大多办案种类处于闲置状态，办案人员也不可能全部掌握。这种统计方法是基于工作流程的需要，完全照搬刑事诉讼规则、民事诉讼规则，分类的庞杂也使其效果大打折扣，以致在统计时也并未关注一些统计项目，使分类统计虚化。

（二）新型统计方法的构造

传统统计方法使各项数据叠加，无从考察门类，对于不熟悉检察工作的人而言，很难从这些数据中看到价值，即使在检察机关内部也会因为统计门类的复杂而头疼，其根本原因在于没有按照诉讼规律提炼统计项目，因此亟须对检察办案的统计方法进行改造。按照“案—件比”的思路分析，一个实际案件的发生即为一案，而由此产生的控告申诉、退回补充侦查、检察监督等事项均为件数，这种思路的核心在于按照诉讼的整个流程构造统计方法。不妨打破现有思维，以刑事案件为例，每一个刑事违法行为即为一件，将案与件相统一，至于由此产生的退回补充侦查问题、诉讼监督问题，运用统计的技术方法解决，并把捕诉合一带来的问题一并解决。如一起普通的盗窃案件可以冠以“苏 1 捕”“苏 1 诉”的序号进行排列，退查重报仍在原案件基础上以“苏 1 诉退 1”的形式编号，诉讼监督案件以“苏 1 诉纠 1”的形式编号，由此案件而产生的案件评查以“苏 1 捕评 1”的形式编号。这种编号的方法以案本身为主体，其他由此产生的案件以后序进行编号，实现案与件的统一，既能区分出案数，又能清晰统计出件数，可以把哪些案产生了哪些件清晰标注。由此也会产生其他一些问题，如同案犯分案处理的问题，违法犯罪事实多起相互之间有交叉的问题，这些问题同样可以通过合理的编号形式解决，除法律规定的特殊情况，尽量避免分案处理，从有利于查清案件事实的角度严格限制。编号方法的设计来源于法律程序规定，同样也会影响法律程序设计，需要在不断构建中实现二者的相互融合。

（三）统计结果的应用

统计方法构造与统计结果运用是不同的内容。检察机关案件管理部门的职责是按照一定的统计方法，把数字清晰准确呈现，对于这些数字的价值判断即结果运用则属于人事管理、绩效评价的内容。如关于评查案件是否属于司法办案的问题，作为案管部门很容易通过技术手段呈现统计数字，而对案件质量评查是否属于实体办案，则应区别情况对待。案件质量评查是对当事人权利义务产生实质影响的法律应用行为，其行使的方法需要通过其他检察官对案件产生影响。对于该类评查出实体性问题的案件，无疑属于实体性办案，而大多数案件评查出的问题为瑕疵问题、程序性问题，评查案件当然属于检察办案的一部分，在绩效评价时则要区别对待。新的统计方法构建后，对外可以按照犯罪行为或犯罪嫌疑人构建一个完整性的案件评价，对内统计上附属的案件类别有侦监案件、起诉案件、诉讼监督案件、内部监督案件、羁押必要性审查案件、控告申诉案件等类别。在统计结果运用上，实行内外有别的原则，贯穿整个案件主线的办案数据即目前称谓的案数，由案而衍生出的分类统计数字即目前称谓的件数，按照内部统计类别在整个案中所占地位设置一定的比重，由此来运用统计结果，实现绩效评价的标准统一。

检察业务工作评价体系的法治化调适与建构

——以基层检察机关落实“案—件比”评价指标为视角

赵学刚　王园园*

摘要：建立“案—件比”为核心的内部业务评价体系，其目的是提升办案质效和民众的司法认可度。仅以数量考核和行政化管理手段推进，易产生办案效率与办案质量失衡、评价指标与检察官独立办案冲突等现实问题。检察业务评价应尊重司法规律，由行政化走向法治化，依其监督属性与司法属性分类评价，建立“案—件比”为核心的宏观评价体系。

关键词：案—件比　行政化　法治化　效率　质量

检察机关是政治性极强的业务机关，也是业务性极强的政治机关。从政治属性看，人民检察院是党领导下的法律监督机关，坚持以人民为中心是建构中国特色检察制度的核心和原则。党的十八届三中全会以来，为适应人民群众对新时代公平正义的司法需求，最高人民检察院陆续推进了司法责任制改革、监察体制改革、捕诉一体等一系列重大改革举措，内部的办案质量评价指标体系也顺应形势贯彻司法为民的理念印发施行。从业务属性看，“四大检察”检察工作新格局建立后，仍有少部分检察人员停留在改革前的评价标准，不重视办案节奏的把握、就案办案，没有通过办案传递司法善意。“案—件比”指标的提出正是检察机关从供给侧提供更优质法治产品和检察产品，优化案件质量评价标准的具体体现。

一、“案—件比”评价指标内涵与价值属性

（一）“案—件比”评价指标的内涵

2019 年 5 月，张军检察长在全国检察机关领导干部业务培训会上的讲话中首次提出

---

* 赵学刚，江苏省淮安市淮阴区人民检察院办公室主任；王园园，江苏省淮安市清江浦区人民检察院检察官助理。

“案—件比”，其中的“案”是当事人涉及的司法事件，“件”是指具体案件进入司法程序后所经历的审查起诉、退回补充侦查、延长审查、复议复核、刑事申诉等有关诉讼环节都视为独立的“件”，“案—件比”即是两者形成的比例关系。“案—件比”越高，说明案件在司法机关经历的程序越多、办案时间越长。“案—件比”的重要意义在于，引导司法人员通过提高办案质效，减少不必要的诉讼环节，节约司法资源，提升司法评价，是检察机关落实以人民为中心发展思想的重要体现，①也是极具可操作性的质量评价指标。

（二）“案—件比”评价指标的价值属性

基于检察机关上下之间领导与被领导的关系，“案—件比”质量评价指标是为提升办案质效而采取的“自上而下”的宏观引导、管理方法和管理手段。管理，是具有行政色彩的司法管理活动，行政管理色彩的主要特征是上令下从、注重效率。以刑事案件中“件”的选取为例，其共有16项计入“件”的环节：批捕（不批捕）申诉、不批捕复议、不批捕复核、一次延长审查起诉期限、二次延长审查起诉期限、三次延长审查起诉期限、一次退回补充侦查（扣除直诉案件中未提前介入案件）、二次退回补充侦查、不起诉复议、不起诉复核、不起诉申诉、撤回起诉（扣除因法律、司法解释改变而撤回起诉的）、法院退回（扣除因被告人不在案而退回的）、被告人上诉、检察机关建议延期审理、国家赔偿等。司法实践中，退回补充侦查和延长审查起诉期限两项检察业务与“案—件比”有着密切联系，通常占与“案—件比”有关检察业务活动的20%～30%左右。② 在“案—件比”考核指标指引下，对于批捕（不批捕）申诉、不批捕复议、不批捕复核、不起诉复议、不起诉复核、不起诉申诉等指标，办案检察官会尽力做好案件释法说理、矛盾化解工作，防止因申诉、复议、复核而增加“件”；对于延长审查起诉期限、退回补充侦查等，检察官也将通过自行补充侦查、提高认罪认罚适用率等方式，全面提升办案效率，各项检察办案的周期将会整体缩短。

二、“案—件比”评价指标易引发问题检视

（一）正确认识“案—件比”评价与司法责任制改革的关系

新一轮司法责任制改革旨在解决司法行政化问题，其核心是实现“谁办案、谁决定、谁负责”。从基层办案实践来看，检察官作出捕与不捕、诉与不诉、延与不延、退与不退决定前，往往受“案—件比”评价指标影响，内部行政化管理和考核可能成为阻碍检察官个案自主决定的重要因素。当上令下从的行政管理与查清事实的需要发生冲突时，显然后者具有优先位阶，办案检察官依据事实证据按职权清单依法作出决定。例如，检察官办理未成年人拟附条件不起诉案件，通过社会调查，认为未成年犯罪嫌疑人符合附条件不

① 参见张军：《关于检察工作的若干问题》，载《国家检察官学院学报》2019年第5期。

② 参见周晓武：《“捕诉一体”后如何降低案件比》，载《检察日报》2019年12月3日。

起诉条件。但在征求被害人意见时,被害人漫天要价无法得到满足,双方无法谅解而导致被害人申诉。因附条件不起诉并不以双方谅解为必要条件,若作出附条件不起诉,因被害人申诉产生新的"件"导致"案—件比"升高;如果提起公诉又与"教育感化挽救"未成年人办案理念发生冲突。因而,"案—件比"评价指标应重点考虑办案的实际需求,不能将"案—件比"管理评价置于司法评判之上,背离司法责任制改革初衷。

(二)谨防"案—件比"从宏观指标转变为对检察官的个体评判

"案—件比"只是一个趋势判断,是一个宏观指标,需要结合具体案件评价办案检察官。[①] "案—件比"提供的是以人民为中心的全新司法理念,重在从理念上引导检察官在每一个办案环节将工作做到最好、做到极致,其目的是挤掉能够避免或减少"件"的水分。纳入"件"范围的业务活动或者办案环节,不管是复议、复核,还是延期、退查,都有明确的法律依据,不宜作出简单量化的价值评判。如果把工作做到"极致"仍无法避免的诉讼节点,不应成为"案—件比"负面评价。此外,"做到了极致"往往只是主观认识,在实践操作中,很难用客观指标来衡量和评价。上级检察机关无法用客观的标准来衡量每一个环节是否真正做到了"最好、极致"时,只能将纳入"件"范围的业务活动或办案环节一并计算。然而,一旦将"案—件比"作为对一个检察院评价指标时,必然层层传递至办案检察官,"案—件比"的宏观指标就会变成个人指标、个案指标,从而导致所有使"案—件比"上升的办案环节都成为对检察官个体的负面评价。

(三)"效率优先"可能导致检察办案质量风险

如前所述,"案—件比"评价指标的目的是提升当事人的良性司法感受和司法办案质效,其出发点具有明显的导向性。多年来,检察机关上下级领导关系衍生的行政管理体系,评价考核成为上级对下级的重要管理手段。"案—件比"评价指标结果往往关系到每个院的整体业绩,关系到检察官的任用留退。正常情况下,办案的质量和效率是需要平衡的矛盾的两面。案件办得快、办得多,其反面必然导致办案质量风险增大。因此,必须谨防在"案—件比"评价体系下,检察官为降低"案—件比"指标出现该延不延、该退不退等现象,增加案件带"病"起诉的风险。

(四)"案—件比"评价可能导致检察官排斥重大疑难复杂案件

在办案过程中,"案—件比"的高低除了取决于办案人员能力水平因素外,案件繁简难易程度也会影响其升降。比如,危险驾驶、交通肇事等事实清楚、证据形式相对固定的简易案件,其"案—件比"容易控制和压低。相反,重大疑难繁杂或一案多人多起的案件,待查事实、适用的法律也较复杂,案件延长、退查的可能性较大,"案—件比"相应也会升高。以笔者所在基层院为例,2019 年度简易案件办案组、重大疑难复杂组"案—件比"分别为 1.73、3.67。如不区分案件疑难复杂程度,仅以"案—件比"来衡量办案工作质效,可

---

① 参见最高人民检察《关于印发〈检察机关案件质量主要评价指标〉的通知》(高检发办字〔2020〕2 号)。

能会导致越是办理疑难复杂的案件“案—件比”越高，进而引起检察官对重大复杂疑难案件的排斥。

三、以“案—件比”为核心的检察业务评价体系建构

（一）检察业务评价考核体系宜纳入法治化的轨道

以往司法考核管理易导致办案个体责任与集体责任混乱不清，互相扯皮，甚至偏离司法办案的正轨。司法责任制下检察人员分类管理已经到位，司法管理应主要侧重于行政管理、人员管理等方面，不宜再用行政手段对办案业务进行评价考核。司法办案应尊重司法规律，将检察业务评价体系纳入法治化的轨道，避免在法律规定外重新建立一套考核评价体系而形成“法外之法”，令司法者无所适从。应明确各级检察机关、检察官压降“案—件比”的职责、权利、义务，用具体的法律规范条文予以规范，逐步废止各级检察机关的行政化考核细则。以公诉工作为例，检察官只要依法理性地审查案件并履行法律监督职责，未出现责任性延期、退查复查、复核导致“冤假错”案和违纪违法案件，那么这名检察官就是合格的司法人员。[①] 事实上，诉讼法中的回避、管辖、上诉、抗诉、二审、再审等程序规定，已是对司法人员进行了法律约束，同时纪检监察、案件监督管理等部门也会对其办案活动进行监督，再次制定考核细则进行业务考核实际上会造成司法资源的浪费和重复评价。同时，法治化司法业务考核应具体到检察官办案个体。司法改革前，考核机制是由上级检察机关对下级检察机关每个业务条线的考核，最后综合实现对单位的综合评价，这种考核具有典型的行政管理特征，容易引发行政管理的主动性与司法工作被动性之间的矛盾。司法责任制改革后，由检察官办案个体承担责任，检察机关对司法业务考核的方法应随之发生改变。各级院检察长、副检察长、业务部门负责人只对自己承办的案件和做出的决定承担责任，不应对其他人员办案和决定承担责任。推进以“案—件比”为核心的业务评价体系，也是顺应改革趋势而不是与之冲突。因此，笔者认为，“案—件比”只宜作为区域性办案理念引导和责任倒查的线索，而不宜成为业务评价的直接指标。

（二）建立监督属性与司法属性分类评价的检察业务考核体系

检察机关与审判机关的差异在于其具有行政与司法的双重属性。检察工作具有主动性，如刑事诉讼监督、公益诉讼检察等需要检察机关主动发力。从司法机关的角度看，检察机关在审查逮捕、审查起诉、羁押必要性审查等方面，又具有如审判机关的被动司法性质。例如，上级检察机关改变下级检察机关对案件的决定，必须“以事实为依据、以法律为准绳”，并经过法定程序，而不可以直接施以行政命令。检察官办案的依据是法律和事实，而不是上级的决定、命令。因此，检察机关的政治属性、业务属性与开展业务过程

---

① 参见王骏：《检察改革与创新实践》，中国检察出版社2007年版，第93页。

中的主动监督、被动司法等交叉重叠在一起，导致对检察工作的评价具有复杂性。构建以“案—件比”为核心评价指标的考核体系，既要考虑检察工作的政治性、行政性特征，也要统筹检察业务的监督性与司法性，只有实施有分类、有区别的科学考核评价体系，才能有助于推进各项检察工作的正常开展。第一，对于法律监督类的检察业务工作，可以突出考核的上令下从的行政属性。如刑事犯罪案件的提前介入、立案(不立案)监督、侦查活动监督、刑罚执行活动监督、民事、刑事、行政、审判活动监督以及公益诉讼检察、对司法人员职务犯罪的侦查工作等，评价的重点是数量与质量，监督案件多、人民群众反映效果好，那么工作就应有更多的正面评价。第二，对于具有司法属性的检察业务工作，如审查逮捕、审查起诉、羁押必要性审查等工作，应尊重办案司法规律，给办案人员法定的时间来收集证据、证明事实，而不是“越快越好”，应着重考核办案的质量，以“案—件比”为参考兼顾效率。如上海市闵行区人民检察院通过科学设计指标，探索在同类型办案组之间进行横向量化评价，并适当予以加减分，倒逼案件质量和监督能力提升。①

(三)科学建立“案—件比”为核心的宏观评价体系

在建立以“案—件比”为核心的评价体系中，笔者建议：第一，明确“案—件比”作为一项提示性指标。对于省、市、县三级检察机关而言，“案—件比”应是一个区域内办案整体情况提示性、预警性指标。当指标畸高或畸低时，应由相关督察部门对检察官司法档案进行专项调查，以调查的结论作为对检察官办案质量评判的依据，而不宜直接以“案—件比”数据来简单评判。第二，建立法治化的检察官司法档案。“案—件比”对于办案检察官个体而言，应作为引导性质的办案理念来看待，当办案组或办案检察官“案—件比”畸高时，可作为倒查责任的线索。以刑事办案为例，对案件中可能增加“件”的环节，如撤回起诉(法律、司法解释改变的除外)、法院退回(除被告人不在案外)、被告人上诉、检察机关建议延期审理、国家赔偿等，检察官应在司法档案中注明其必要性。与此同时，可建立退回补充侦查和延长审查起诉期间内控机制，加强审核监督制约，防止退查和延期的随意性。第三，以办案个体考核取代检察业务整体考核。只要对检察工作进行整体考核，就必然存在以行政化管理手段干涉个案办理的问题。笔者建议，在检察官司法档案建立起来以后，对检察官法律监督、司法办案的考核内容主要依据来源于司法档案，考核结果依法作为晋升高一级检察官的必要条件，这样内部行政化管理自然就失去了存在的基础，有利于检察改革目标的实现。有观点认为，不再对检察机关进行整体综合考核，司法人员办案自由度太高，将无法管理。笔者认为，不考核不等于不追责。比如，对办案检察官进行阶段性考核时，当其办理的案件“案—件比”超过地区均值较大时，考核管理部门应调阅其司法档案，进行分析、评判，对违法违纪、群众反映强烈的问题就必须进行追责。因此，只要健全细化检察官晋级标准，加强检察司法档案建设，这种情况就完全可以避免。

---

① 参见李文军：《以“案—件比”为指引提升案件管理水平》，载《检察日报》2020 年 12 月 22 日。

刑事“案—件比”指标体系问题及完善建议

江苏省淮安经济技术开发区人民检察院课题组*

摘要：从张军检察长首次提出“案—件比”的概念，到最高人民检察院发布检察机关案件质量主要评价指标，“案—件比”引起了各级检察机关的高度重视。作为案件质量评价体系的核心，“案—件比”的作用在于引导检察机关提高办案效率，将每一环节的工作做到极致，在指标设计上需要注重数据提取的统一性和可操作性。目前的指标设计在实践运用中存在统计单位不一致、统计数据有重合、件数来源不同、部分件数不合理等问题，影响了该指标运用的实际效果。以刑事“案—件比”指标为例，从统计学角度对“案—件比”指标设计进行分析表明，需完善对“案”和“件”的界定和统计方法。

关键词：案—件比　负面感受　效率评价　指标设计

2019年4月，在最高人民检察院对全国检察机关开展的业务讲座第一讲中，张军检察长首次提出“案—件比”的概念。2020年1月9日，最高人民检察院印发《检察机关案件质量主要评价指标》（以下简称《评价指标》），其中专门对“案—件比”指标测算使用进行了说明，该评价指标得以明确。目前，“案—件比”已经成为全国检察机关案件质量评价体系中的核心。如何快速认识并利用“案—件比”来评价、指导检察工作，倒逼提升检察办案质量、提高法律监督能力，成为检察机关一项紧迫的任务。

一、“案—件比”的定义和性质

（一）“案—件比”的定义

最高人民检察院的《评价指标》涵盖“四大检察”“十大业务”主要案件类型、主要办案活动、主要诉讼流程，以及立案监督、直接受理侦查案件、抗诉、纠正意见、检察建议、公

---

* 课题负责人：江苏省淮安经济技术开发区人民检察院党组书记、检察长徐蔚敏；江苏省淮安经济技术开发区人民检察院第四检察部副主任李乐；第四检察部检察官助理茆文秀；综合管理部科员张蔚。

益诉讼等所有检察监督方式,共计 51 组 87 项,①并明确设置"案—件比"为核心指标。

根据《评价指标》的规定,"案—件比"是指发生在人民群众身边的案,与案进入司法程序后所经历的有关诉讼环节统计出来的件相比,形成的一组对比关系。② 最高人民检察院在设计"案—件比"时对刑事检察、民事检察和行政检察进行了区分,本文主要以刑事检察"案—件比"为例开展分析。

1."案"的来源。"案"指具体的案件,检察机关刑事案件主要指审查逮捕案件和审查起诉案件,两者之间有部分重合,重复计算会影响数据的准确性和指标的科学性。最高人民检察院将"案"的基准数定为审查逮捕案件数与扣除了采取逮捕强制措施的审查起诉案件数之和。比如,A 院某年度受理 270 件审查逮捕案件、620 件审查起诉案件,审查起诉案件中有 230 件采取逮捕强制措施,根据最高人民检察院对"案"的定义,A 院该年度"案"数就应当是 270 + 620 - 230 = 660 件。③

2."件"的选取。"件"指具体的案进入司法程序后所经历的有关诉讼环节统计出来的件,并非所有环节都统计在内。最高人民检察院的说明中罗列了除"案"的基准数外的 16 种"件",具体包括对不捕案件的复议、复核、申诉案件,对不诉案件的复议、复核、申诉案件,延长审查起诉期限(分一延、二延和三延),退回补充侦查(分一退和二退),被告人上诉案件,撤回起诉案件,法院退回案件,检察机关建议延期审理案件和国家赔偿案件。比如,上述 A 院同年不诉复议复核案件 4 件、不诉申诉案件 2 件、延长审查起诉期限案件 240 件、退回补充侦查案件 150 件、法院退回案件 1 件、检察机关建议延期审理案件 7 件,被告人上诉案件 100 件。没有其他类型的件,则 A 院该年度的"件"数则为上述数值之和(504 件)再加上"案"数 660 件,共计 1164 件。

3."案—件比"的计算方式。最高人民检察院《关于〈检察机关案件质量主要评价指标〉有关情况的说明》(以下简称《说明》)中明确指出"案—件比"的计算可以采用同期比较或同批比较两种不同的方式,即对同一时期的"案"和"件"做比较,或者用同一批"案"和这些案所形成的"件"做比较。从理论上来讲,用后一种方式更能看出"案—件比"的真实状况,然而,由于同一批"案"所形成"件"的周期相对较长,数据上难以统计,因此实践中通常采用同期比较的方式。《评价指标》中的 87 项指标全部为比率,没有绝对值的评价,从统一性来讲,也都是采用同期比较的方式。根据《说明》的方式,A 院的"案—件比"应当为 660∶1164。这样一来,就意味着"案—件比"数值越大,诉讼当事人的负面感受越小,检察机关要提升"案—件比",这种表述方式在理解上很容易造成混乱,让人难以理解。实践中,"案"是基准数,检察机关的目的应当是要降低"件"数,减少诉讼环节。因

---

① 参见最高人民检察院《关于印发〈检察机关案件质量主要评价指标〉的通知》(高检发办字〔2020〕2 号)。

② 参见《关于〈检察机关案件质量主要评价指标〉有关情况的说明》。

③ 以江苏省某一县区院为例,数据取近似数。

此,本文认为用1164/660 = 1.76来表示“案—件比”更为直接,也就是说,“案—件比”实际是“件—案比”,“案—件比”的数值越低说明诉讼环节越少,诉讼当事人的负面感受越小,人民满意度越高。

(二)“案—件比”指标的性质

1.“案—件比”是综合指标。最高人民检察院案件质量评价指标共51组,“案—件比”单独为一组,其余质量评价指标都是根据办案环节和案件类别予以区分,如提前介入环节、审查起诉环节、刑罚执行监督案件、民事执行监督案件等,只有“案—件比”这一指标涉及检察工作的多个环节,不是某一个环节或某一具体类别案件的质量评价指标,而是一项体现检察工作的综合性、整体性指标。

2.“案—件比”是效率指标。“案—件比”越高,说明“件”数越多,意味着“案”经历的诉讼环节越多,检察办案时间越长。因为“件”所在的诉讼环节都是法律规定的合法程序,因此“案—件比”高并不一定意味着案件质量一定出现问题,当出现国家赔偿案件时,实际上是检察机关存在实体办理结果错误和违法情况,但是“案—件比”指标并不能反映该问题,而是通过“刑事赔偿率”指标来反映,“案—件比”更多的是检察环节工作效率的体现,因此该指标实质是效率指标。

3.“案—件比”是外部评价指标。不同于以往的检察工作内部评价指标,“案—件比”以人民群众、当事人对司法办案活动的实际感受作为评价重要因素,该指标越高,意味着当事人对办案活动的评价相对越低,负面感受越大,这样办案的社会效果就越差。它强调的是检察机关案件办理过程中是否注重突出社会效果,是否将前一环节的工作做到极致,体现了“以人民为中心”的司法办案理念。

二、“案—件比”指标设计上存在的问题

“案—件比”指标设计总体上比较清晰,但运用到实践中,以目前的检察机关统一业务应用系统为支撑,在统计分析上仍存在一些问题。

(一)计算单位不统一、上下级数据存在交叉等问题导致基准数“案”数据不准确

将“案”的基准数定为审查逮捕案件数和扣除采取逮捕强制措施的审查起诉案件数之和,是为了减去重复数据,尽量提高基准数的准确性。实践中,这一统计方式存在以下问题:

1. 采取逮捕强制措施的数据以人为计算单位,不以件为计算单位。统一业务应用系统中,是否采取强制措施、采取何种强制措施是以人为单位进行填录,案件本身不存在采取何种强制措施。统计报表中,“受理时被逮捕”统计的是人数,不是件数,一个案件中可能既有人被逮捕,也有人被取保候审,逮捕的可能是一人,也可能是多人。因此,审查起诉案件采取逮捕强制措施的件数仅能依据主犯采取强制措施的情况,在做数据统计时并不准确。

2. 没有采取逮捕强制措施的审查起诉案件不一定没有经过审查逮捕程序。正常情况下，审查逮捕案件的审结结果分为逮捕和不逮捕，不逮捕又分为不构罪不捕、证据不足不捕、无逮捕必要性不捕三种。不构罪不捕意味着犯罪嫌疑人不构成犯罪或者犯罪行为不是犯罪嫌疑人所为，该犯罪嫌疑人会被释放，不会进入下一刑事诉讼环节。而证据不足不捕和无逮捕必要性不捕的犯罪嫌疑人通常会被采取取保候审或者其他非逮捕强制措施，这类案件同样会进入审查起诉环节，数据上仍会出现重合。

3. 改变管辖后的案件"案"数归属问题。实践中因为地域管辖、级别管辖或者类罪集中管辖等原因，一部分审查起诉案件在受理后又作出改变管辖，该类案件的基准数是归入先受理的检察院，还是后受理的检察院？改变管辖较多的情形是县级院移送市级院管辖的案件和类罪集中管辖案件。比如，故意杀人案、知识产权犯罪案件，通常是由县级院审查逮捕、受理起诉后再移送市级院管辖，审查环节主要在市级院，提请批准逮捕的初始环节在县级院，根据最高人民检察院的《说明》，该类"案"数应当以审查逮捕案件数计入县级院。由于某一个县级院改变管辖的案件相对较少，因此该类"案"数对县级院的影响较少，但市级院要接受所辖县区院所有移送改变管辖的案件，甚至这类案件可能会占据市级院审查起诉案件的大多数，如果该类数据不纳入市院的"案"数，但是后续的诉讼环节又计入"件"数，则会造成市院"案—件比"特别高。①

（二）来源不同、计算单位不同以及是否引发负面感受导致"件"的统计存在分歧

在基准"案"数相同的情况下，"件"的高低直接决定"案—件比"的高低，对"件"重点统计原本可以避免或者减少件数的发生，但因前一个环节未将工作做到极致而增加了"件"，产生了可能引起当事人负面感受的诉讼环节。实践中，对于 16 项"件"的统计存在不少分歧意见。

1. 根据提出主体进行区分，件的来源可以分为主动性来源和被动性来源。16 项"件"中，有些是由检察机关自己做出的，如延长审查起诉期限、退回补充侦查；有些是由其他单位或当事人提出，如不捕不诉的复议复核、被告人上诉。当然也有人认为，退回补充侦查是因为侦查机关侦查工作不到位造成的，复议复核也可能是因为检察机关工作不到位造成的。本文仅指提出的主体不同，至于背后的原因暂不予考虑。根据"件"提出的主体不同，将"件"的来源做主动性来源和被动性来源两种区分，如延长审查起诉期限、退回补充侦查、撤回起诉、检察机关建议延期审理四类 7 项"件"均由检察机关自身提出，不需要外界干预，属于主动性来源。而不捕不诉案件的复议复核申诉、法院退回、被告人上诉和国家赔偿 9 项"件"均由外界提出，不受检察机关控制，属于被动性来源。

2. 不同种的"件"计算单位不同。与"案"存在同样的问题，"件"的计算中有的是以

---

① 如某市院 2019 年一审公诉案件受理 194 件，其中 173 件为他院受理后改变管辖，直接由其受理的仅 21 件，其他市院也存在同样的情形。

整件为单位，如延长审查起诉期限、退回补充侦查和检察机关建议延期审理，全案做统一处理，不存在人案分离的情形，这时候仅按照件数统计即可，不需要考虑人数问题。有的仅以"人"为单位，如被告人上诉，如A院98个上诉人中，主犯有50人，另48人为非主犯，这里有两种情形：一是一案中多人同时上诉；二是仅仅是从犯上诉，而实际二审时是对全案进行审查，并不是以人为单位。这就导致了被告人上诉这个"件"数与实际的二审件数并不相同，仅以被告人上诉（人）计算，在一定程度上增加了"件"数。还有的是件和人不完全统一，如撤回起诉、法院退回案件，可能是全案，也可能是单人，如果是非主犯，统一业务系统中则不计算件数。在统计时到底应该以件为计算单位，还是以人为计算单位？

3. 有些诉讼环节不一定必然引起当事人的负面感受。刑事诉讼中，当事人具体指被害人、自诉人、犯罪嫌疑人、被告人、附带民事诉讼的原告和被告。不同的当事人立场不同，诉讼环节可能引发不同当事人的不同感受。比如，不捕不诉对犯罪嫌疑人来说是正面的，但是会引发被害人的负面感受，也有可能案件本身不存在被害人，引发的是侦查机关的负面感受，侦查机关要求复议有可能出于考核的影响，同时侦查机关在《刑事诉讼法》中也并不是当事人。还有一种情形，即程序的启动并非是因为诉讼当事人的负面感受，而是另有所图。比如，实践中有的被告人提出上诉，不是对裁判结果不满，而是利用上诉程序将交付执行时的剩余刑期控制在三个月以下，从而达到在本地服刑的目的。①

三、"案—件比"指标设计的完善建议

对于上述提及的"案—件比"指标设计中存在的问题，本文建议从以下几个方面予以完善。

（一）"案"的基准数为扣除改变管辖的审查起诉案件数与不构成犯罪不捕的审查逮捕案件数之和

实践中，审查逮捕案件除了不构成犯罪的案件外都将进入审查起诉环节。从江苏省2019年的数据来看，不构成犯罪不捕的人数占审结人数的0.3%，如果从某一个院而言，这个数据基本上趋为零，同时该件数在"案"和"件"中同时计入，对"案—件比"的数值几乎没有影响。虽然不构成犯罪不捕案件不会进入审查起诉环节，但是可能引起复议复核或申诉程序，因此该部分案件数仍应当计入"案"的基准数。综上，"案"的基准数应当直接以审查起诉案件为基础，将不构成犯罪不捕的逮捕案件数纳入"案"的范畴。而受理后改变管辖的案件，基层院通常只是对管辖审查后就做出改变管辖的决定，实际的案件审查程序主要在市院，对市院的"案—件比"影响很大，建议纳入市院"案"的范畴，考虑到两

① 《刑事诉讼法》第二百六十四条第二款中规定，对被判处有期徒刑的罪犯，在被交付执行刑罚前，剩余刑期在三个月以下的，由看守所代为执行。

级院都算会导致“案”数虚增，因此在这种情况下，在基层院“案”的计算中应当予以扣除。

（二）主动性来源的“件”除个别情况外均应纳入统计

以件为计算单位的主动性来源的“件”，应当一律纳入统计。对于检察机关建议延期审理的件数，实践中客观存在法院借时间的情形，但是检察机关作为法律监督机关，应当对这种行为进行监督。“案—件比”指标考核的出台在一定程度上有助于促进这一部分工作的规范化，因此检察机关建议延期审理的件数应当一律纳入件数统计。对于可能存在人案分离的撤回起诉案件，如果因法律、司法解释改变而撤回起诉的，并非检察机关办案质量问题，应当在统计时予以扣除，其余如“不存在犯罪事实”“犯罪事实并非被告人所为”“情节显著轻微危害不大”“证据不足或证据发生变化”等撤回起诉情形，均与检察机关办案质量有关，应当以件为单位纳入统计。

《说明》中提出，对于未采取逮捕强制措施也未提前介入的直诉案件，第一次退回补充侦查往往反映了公安机关的办案质量问题，检察机关难以发挥引导作用，故在件的集合中予以扣除。目前从统一业务应用系统中无法对直诉案件和提捕过但未逮捕的案件予以区分，因此该部分的件数筛选仍存在一定难度，建议在审查公诉受理案卡中增加“是否直诉”模块予以区分。

（三）被动性来源的“件”要分情况予以区分

一是对以人为单位的被告人上诉案件，除上文指出的问题外，实践中也不以检察机关的意志而变化，并非依靠检察机关释法说理就能降低上诉数，建议直接不计入“件”的统计。但只有被告人上诉、最终又被改变原判的案件，说明检察机关在工作中仍存在问题，应当纳入“件”数统计。二是对于不捕不诉复议复核申诉案件，检察机关可以在做出决定时通过加强释法说理的力度，将罪与非罪、罪轻罪重、不捕不诉的理由说清楚，解决侦查机关和诉讼当事人心中的疑惑，从而降低复议复核和申诉案件的件数。因此，不捕不诉复议复核申诉案件仍应当纳入“件”的统计。三是法院退回案件中除“被告人不在案”情形可以扣除外，“经特赦令免除刑罚”也应当扣除，其余如“告诉才处理”“不属于法院管辖”“撤诉后无新事实和证据重新起诉”等情形，说明检察机关在审查时存在一定的问题，这些案件均应当纳入“件”的统计。四是国家赔偿案件，这类案件说明检察机关在办案过程中存在违法行为，如违法羁押或超期羁押等，属于比较严重的情形，应当纳入“件”的统计。有人提出应当增加该类案件的权重比例，本文认为国家赔偿案件在“刑事赔偿率”指标中已经有体现，“案—件比”是体现效率的指标，在这里不需要考虑不同件之间的权重比例问题。

（四）检察机关自行侦查案件在审查起诉时纳入“案”的基准数

修改后的《刑事诉讼法》明确了检察机关对司法渎职侵权领域犯罪的侦查权，2018 年 11 月 24 日最高人民检察院制定《关于人民检察院立案侦查司法工作人员相关职务犯罪案件若干问题的规定》，进一步明确了检察机关具体管辖的 14 个罪名，包含 9 个渎职罪名和5个侵权罪名。实践中有人提出,检察机关作为侦查机关直接受理的案件,是进入司法程序的首个环节,应当计入“案”的基准数。本文认为,检察机关自行侦查的案件应当计入“案”的基准数,但是应当在审查起诉环节计入,而不应当在侦查环节就计入。因为检察机关首先需要对案件线索进行审查,做出立案或者不立案决定。对于不立案的案件,没有必要考核“案—件比”。对于立案案件经过侦查,最终会产生起诉意见或不起诉意见。[1] 无论是哪种意见,该案都必须移送本院捕诉部门进行审查。这类案件与公安机关侦查案件、监察委调查的案件只是侦查(调查)主体存在不同,其他并无不同,不必因为是检察机关自行侦查就予以区别,因此该类案件同其他普通刑事案件一样在审查起诉环节计入即可。

---

① 参见《人民检察院刑事诉讼规则》第二百三十七条。

前沿探讨

单位犯罪案件认罪认罚从宽的思考

韩彦霞*

摘要：认罪认罚从宽制度适用于单位犯罪案件，单位犯罪治理模式与认罪认罚从宽制度具有高度的价值一致性、本质同一性、认定契合性。因此，单位犯罪案件在适用认罪认罚从宽制度时应合理吸收企业刑事合规内容，并探索适用暂缓起诉等程序。

关键词：单位犯罪　认罪认罚从宽　企业刑事合规　暂缓起诉

一、问题的提出

关于单位犯罪是否适用以及如何适用认罪认罚从宽制度，法律及其司法解释均旨意不明。依据《刑事诉讼法》第十五条中对于认罪认罚主体之“犯罪嫌疑人、被告人”的规定，无法判定是否包含犯罪嫌疑单位或被告单位，最高人民法院、最高人民检察院、公安部、国家安全部、司法部（以下简称两高三部）印发的《关于适用认罪认罚从宽制度的指导意见》中也并未针对单位犯罪的特殊性进行专门规定。然而，根据单位犯罪之单位人格法律拟制等基本法理，以及认罪认罚从宽的制度目标、内涵等，单位犯罪案件都属于认罪认罚从宽制度的适用范围。不仅如此，单位犯罪案件与认罪认罚从宽制度之间还具有高度的内在契合与自我需求。

首先，单位犯罪与认罪认罚从宽制度具有广泛的一致性。较之自然人犯罪，单位犯罪的刑罚目的结构、刑罚方式等与认罪认罚从宽在制度的价值取向、程序机制等方面契合程度更高，单位犯罪案件适用认罪认罚从宽更具现实意义。其次，认罪认罚从宽制度

---

* 韩彦霞，江苏省无锡市人民检察院法律政策研究室副主任。本文系江苏省第五期“333 高层次人才培养工程”科研资助项目“认罪认罚从宽制度适用研究”（课题编号：BRA2019155）阶段性研究成果。

入法、实施以来,单位犯罪案件适用该制度的比例在对比自然人犯罪适用该制度、单位犯罪案件总量以及单位犯罪量值增长等意义上明显失衡,单位犯罪认罪认罚后难以体现量刑的实质从宽。[①] 单位适用认罪认罚的案件也鲜有报道,通过网络检索,截至2020年4月,只检索到江苏省扬州市广陵区人民检察院办理的镇江博浦达电气科技有限公司(化名)犯假冒注册商标罪认罪认罚案、[②]四川省成都市金牛区人民检察院办理的成都某印务公司犯非法经营罪认罪认罚案等为数不多的案例。最后,单位犯罪较之自然人犯罪在刑罚处理机制等方面体现出一定的特殊性,而该特殊性与认罪认罚制度机理之间又形成相当程度的同质性。由此,鉴于单位犯罪案件适用认罪认罚从宽制度理论跟进的不足及其理论相对的独立而确有必要在理论上展开。

二、单位犯罪认罪认罚的判定

认罪认罚的司法认定主要通过犯罪主体的主观意思表示得以实现。当单位作为犯罪主体时,其人格拟制决定的主体意志表达的特殊性,构成单位犯罪案件认罪认罚的形式要求和实质要件的特殊性。第一,单位主体的意志通过自然人得以表示,单位意志与自然人的意志存在一致和矛盾之处;第二,单位主体的认罪认罚行为,须经由代表单位意志的自然人进行。这种特殊性决定了单位犯罪案件认罪认罚存在区别于自然人认罪认罚的新特点、新形式,且单位主体认罪认罚的司法认定亦不能简单套用自然人认罪认罚。那么,如何认定单位犯罪的认罪认罚自然成为单位犯罪案件适用认罪认罚从宽制度首先需要解决的问题。

(一)单位认罪认罚的主体判定

关于认罪认罚的主体,法律和司法解释均未规定。对此,可根据针对单位犯罪本质的理解进行判定,亦可比照与认罪认罚主观性同质的坦白、自首、和解等行为主体标准进行判断和认定。

能否被认定为单位认罪认罚,其核心要素在于能否代表单位的整体意志。首先,董事会、职代会等集体行使法定最高决策权过程中形成或事后追认的单位意志,可以作为认罪认罚的单位意志。其次,机关、国有企事业单位的行政首长、单位法定代表人、能够代表单位整体意志的犯罪单位的直接负责的主管人员基于单位整体利益作出的认罪认罚,视为单位认罪认罚。最后,由单位授权委托的直接责任人员或其他人员的认罪认罚,经司法机关审查后可以成立单位认罪认罚。

---

① 有研究表明,单位犯罪认罪认罚案件占认罪认罚案件的总量只达0.44%,认罪认罚案件占单位犯罪案件总数的比例不超过2%。参见吴俊:《单位犯罪认罪认罚从宽制度适用的实践缺失与路径探析——以213件单位犯罪认罪认罚判决书为样本分析》,载《江苏省法学会刑事诉讼法学研究会2019年年会论文集》,第175页。

② 参见《扬州广陵:成功办理首例单位犯罪认罪认罚案》,载《方圆》2019年第13期。

(二)单位认罪认罚的主观判定

单位认罪认罚与单位中的自然人或责任人认罪认罚不完全对应或一致。一方面,单位中的自然人认罪认罚并不必然等于单位认罪认罚。单位犯罪意志的整体性决定了单位意志来源于单位成员意志又超越单位成员意志而上升为独立的单位意志。代表单位意志的重要维度之一即是基于单位整体利益形成的意志因素,如果不是基于单位整体利益而是掺杂着双罚制中个人责任承担等私益获取,则不能视其为单位认罪认罚。

另一方面,单位认罪认罚同样也不一定代表单位中的责任人构成认罪认罚。单位最高决策机构或直接责任人以外的单位负责人认罪认罚,但具体实施单位犯罪的直接责任人不认罪认罚,该责任人、单位就不能适用认罪认罚从宽制度。

三、单位犯罪认罪认罚后从宽的法理基础

(一)单位犯罪处罚方式与认罪认罚从宽的制度价值具有一致性

单位犯罪以罚金为主的刑罚方式中体现的补偿、修复价值,与认罪认罚从宽的制度价值具有一致性。一方面,单位犯罪与自然人犯罪不完全相同,许多单位犯罪都是我国社会利益调整的必然产物。[①] 在此意义上,对于单位犯罪就不能像自然人犯罪一样,不仅要关注单位犯罪产生的社会危害性(因为“严重的社会危害性不是单位犯罪的本质”[②]),更应重点考察单位犯罪中的利益冲突。相应地,在此类犯罪中的合并主义刑罚观就要在其内部因案制宜进行调整,预防刑的适用应高于责任刑。此类单位犯罪的量刑过程中不仅需考虑客观危险性,同时还需考虑人身危险性,即注重预防的刑罚目的,这也与认罪认罚从宽制度具有高度契合性。

另一方面,由于单位主体无法适用监禁刑、生命刑等专属自然人的刑罚方式,单位犯罪双罚制的刑罚特点,决定了单位刑罚以罚金刑的适用为主。罚金刑不仅体现了针对单位犯罪主体责任刑意义的惩罚,其在更大程度上体现的是对破损社会关系的修复,侧重于预防刑意义的刑罚。这种刑罚适用的价值取向与认罪认罚从宽的制度价值具有内在一致性。

(二)单位犯罪治理模式与认罪认罚从宽的制度本质具有同一性

单位犯罪的治理模式具有合作的特点,这与认罪认罚从宽的合作性司法的本质具有同一基础。“企业运行的复杂性,决定了企业犯罪的惩处与预防需要通过国家企业合作模式实现。”[③]一方面,单位犯罪的特点决定了单位犯罪治理的合作模式。企业等单位犯罪圈扩大以及单位犯罪侦查的困难,都促使世界范围内将单位犯罪治理转向单位自治。

---

① 参见陈兴良:《单位犯罪:以规范为视角的分析》,载《河南省政法管理干部学院学报》2003 年第 1 期。

② 李永升、杨攀:《合规计划对单位犯罪理论的冲击与重构》,载《河北法学》2019 年第 10 期。

③ 孙国祥:《刑事合规的理念、机能和中国的构建》,载《中国刑事法杂志》2019 年第 2 期。

例如，美国的《反海外腐败法》体现出既把犯罪企业作为预防对象又作为合作对象的立法观，通过立法将预防企业贿赂犯罪的部分责任直接移转、分配于企业。尤其是随着风险社会的到来，“控制风险以安抚公众成为现代社会压倒性的政治需要，刑法不再为报应与谴责而惩罚，主要是为控制风险而威慑”[①]，环境资源、工业灾害、伪劣产品等类型犯罪的治理由传统的运动式治理转向合作型治理模式，合作型治理模式对持续改善公司内部治理，进而有效预防企业犯罪具有重要作用。[②] 企业犯罪的治理合作模式贯穿企业的日常经营并延伸至企业犯罪的惩防中，也就是说，企业在侦查、审查起诉直至审判、执行环节都需要保持与司法机关在各个方面的合作。

另一方面，单位承担的独特社会功能决定了单位犯罪治理的合作模式。针对单位犯罪的惩罚可能引发严重的负面影响，如企业破产、失业以及影响资本市场稳定等，域外许多国家即使对于企业所犯重罪也会适用暂缓起诉制度。单位是人、财、物的聚合体，对单位实施刑罚产生的负向效应会在单位范围之外延伸。

（三）单位犯罪司法调节与认罪认罚从宽的制度运行具有契合性

单位犯罪的立法结构呈现出明显的重刑主义特征，这种重刑主义通过司法的轻缓处理得以调节。一方面，我国《刑法》规定的单位犯罪刑罚体系呈现出一种重刑结构，体现出立法中的惩罚主义。在《刑法》规定的单位犯罪所有罪名中，法定最高刑在五年以上有期徒刑的比例接近 30%，这种重罪与轻罪的三七比例体现了我国单位犯罪刑罚的严厉性。而通过对比 1979 年《刑法》和 1997 年《刑法》对于单位犯罪刑罚的规定可见，单位犯罪的刑罚也体现出越来越严厉的趋势。

另一方面，单位犯罪的司法情况与立法定位形成强烈的反差，单位犯罪的司法处理体现了显著的轻缓化特征。[③] 单位犯罪的轻缓化是基于现实因素考量而形成的一种趋势，对于立法惩罚主义的违背是通过司法调节立法的结果。而这种司法调节立法之下的轻缓化正与认罪认罚从宽之从宽中包含的轻缓制度取向具有高度契合性。

四、单位犯罪认罪认罚后从宽的适度创新

（一）单位认罪认罚从宽制度对企业合规计划的合理吸收

“合规计划”是域外刑法学界提出的一个概念，近五年来，这一概念及其理论引起了我国刑法学界的广泛关注，并以中兴通讯事件为推动，《企业境外经营合规管理指引》在 2018 年 12 月正式发布。“所谓合规计划（Compliance Program），是指企业或者其他组织

---

① 劳东燕：《公共政策与风险社会的刑法》，载《中国社会科学》2007 年第 3 期。

② 参见侯艳芳：《中国环境资源犯罪的治理模式：当下选择与理性调适》，载《法制与社会发展》2016 年第 5 期。

③ 有专门研究表明了单位犯罪刑罚处理的轻缓化。参见上海单位犯罪研究课题组：《上海法院系统审理单位犯罪情况调查》，载《华东刑事司法评论》（第 4 卷）；参见李本灿：《认罪认罚从宽处理机制的完善：企业犯罪视角的展开》，载《法学评论》2018 年第 3 期。

体在法定框架内,结合组织体自身的组织文化、组织性质以及组织规模等特殊因素,设立一套违法及犯罪行为的预防、发现及报告机制,从而达到减轻、免除责任甚至正当化目的的机制,而这种机制不仅仅是制度层面的,它应该被切实地贯彻和执行,形成组织体的守法文化。"①合规计划理论主要是将企业犯罪预防机制与企业犯罪责任的减轻、免除相关联。美国安达信公司倒闭的残酷现实促使美国社会开始反思刑罚对于企业的意义。美国的《量刑指南》、英国的《反贿赂罪法》、奥地利的《组织责任法》以及意大利的 231 号法令等都规定了合规计划作为刑事责任免除的出罪事由。例如,美国的《量刑指南》第八章第 C2.5 条明确规定,在犯罪发生之时,如果企业内部存在合规计划,可以根据企业的规模、合规计划的实施情况以及犯罪情节,减免罚金。整体而言,合规计划在域外的实践已充分显示出其制度成效,而在我国其制度活力尚未完全显示。

合规计划的制度用意与认罪认罚从宽的制度导向统合了共同的价值与目标、程序与机理之要素。合规计划包含的企业自我约束、自我控制的犯罪责任减轻的基础,与认罪认罚从宽制度通过量刑进行激励的制度机理筑基于相同的要素考量之上。这种共同要素的统合必将使认罪认罚从宽制度更好地促进合规计划理论与实践获得新的发展,进而使单位犯罪案件适用认罪认罚从宽过程中可以结合企业合规计划情况进行综合考量。构成单位认罪认罚后从宽因素的企业合规计划,核心元素是具有刑事合规性,即对刑事实体法规范的严格遵守。同时,作为无罪抗辩事由、暂缓起诉或不起诉适用、量刑宽宥情节的合规计划,还应该符合良好运行的基本要求。企业合规计划引入单位犯罪案件适用认罪认罚从宽制度,也构成了认罪认罚从宽制度在单位犯罪与自然人犯罪案件适用区分的重要方面。

(二)单位犯罪案件认罪认罚从宽的特殊方式

首先,针对单位犯罪刑罚模式进行调整。改变单罚制的刑罚模式,传统单位犯罪处罚是双罚制,没有单独体现出对单位本身的惩防。不仅从犯罪单位与单位成员犯罪行为方面角度需要设立单罚单位的刑罚方式,而且从保护单位的意义上讲,设立只对单位的处罚也符合现实需求。"单位犯罪认定的难点并不是将某一危害结果与单位建立起关联,而是将这一后果合理地让单位承担,而不仅仅是由具体实施这一行为的自然人承担。"②尤其是企业运行对于法人(尤其是作为创始人的法人)依赖程度较高的民营企业等,对法人处以刑罚往往带来整个企业无法继续经营行为的后果。有研究表明,民营企业走向衰亡的原因中,多是由于公司法人被处以刑罚。将刑罚转移到单位自身承担,可以更加有利于单位的生存和发展。除上述理由外,单位与自然人(承担单位犯罪责任的自然人)区别也使单位与自然人刑罚承担的方式、能力存在区别,如通过合规计划进行企

① 李本灿:《合规计划的效度之维——逻辑与实证的双重展开》,载《南京大学法律评论》2014 年春季卷。

② 时延安:《合规计划实施与单位的刑事归责》,载《法学杂志》2019 年第 9 期。

业内部治理，通过规模性的公益行为进行犯罪损害弥补，等等。这种区别决定了责任向单位的移转将更加符合认罪认罚从宽的制度取向。

其次，探索单位犯罪适用暂缓起诉制度。单位犯罪的刑罚处置、暂缓起诉与认罪认罚从宽制度具有递进式的同向性，将暂缓起诉制度扩大适用于单位犯罪具有坚实的法理基础。单位犯罪案件适用暂缓起诉的考量因素有以下方面：一是所犯罪行的轻重。暂缓起诉的扩大适用应受到严格限制，即使是企业犯罪也应框定在轻罪的范围。二是认罪认罚的程度足以支撑暂缓起诉程度的从宽。多数单位犯罪的侦查、审查较之自然人复杂，单位犯罪暂缓起诉从提高司法效率的角度，将有利于单位积极配合刑事调查。因此，单位是否在刑事司法过程中体现出有效的"合作"，包括认罪与认罚的合作，构成是否适用暂缓起诉的重要因素。三是企业内部治理是否修正。单位的悔罪较之自然人悔罪客观表现性更强，其可以通过祛除导致单位犯罪的不良人员配置（如管理人员调整）、机构设置（如变更董事会）、内控机制甚至业务类型，通过修正企业的合规计划达到公司治理改善，进而达到预防单位犯罪的目的。传统检察干预具有滞后性，纯粹的刑事诉讼仍然停留于罪行表面，无法深入至公司内部，从完善经营管理的维度实施内源性改革。[①] 四是具有完善的公益补偿计划。企业承担的社会责任和具有的公益补偿的能力，是暂缓起诉更加契合单位犯罪的重要原因，尤其是公益补偿能力是单位能否满足所附条件的基本要求。五是具有可以承担罚金刑和相关赔偿的能力。对单位暂缓起诉，绝不能忽略单位责任刑的承担和损害社会关系的修复。必要的责任刑承担和有效的损害后果填平应作为是否适用暂缓起诉的前提条件。对于单位犯罪是否适用暂缓起诉要因案制宜，有必要充分听取市场监管部门、上级主管部门、司法机关、专家学者的意见，确有必要时可以召开暂缓起诉论证会。

最后，将关于单位资格准入和强制义务等方面的内容植入刑罚体系。这也是犯罪后果以合理的、有效的方式由单位承担的重要方式。我国有诸如暂扣或吊销许可证、营业执照等行政处罚措施，刑罚中资格方面的刑罚应与此进行区分。可以增设诸如限制经营范围[②]、限制缔约对象、限制招投标范围、限制经营区域以及其他与单位犯罪相当的关于单位资格的刑罚种类。[③] 资格刑相当于自然人犯罪的自由刑，因为只有罚金刑往往不足以影响单位的犯罪能力。还可以将强制义务的履行（亦有学者将此界定为行为刑）引入刑罚体系，或者作为不起诉所附的条件内容。单位犯罪行为的完成，往往需要借助单位的资格和权利。预防单位犯罪，在消除单位犯罪条件、犯罪能力方面往往比遏制犯罪动机更为有效。

---

① 参见郭林将：《论暂缓起诉在美国公司犯罪中的运用》，载《中国刑事法杂志》2010年第7期。

② 参见郑祖星：《论单位犯罪的处罚模式——以"单位刑事责任双层论为视角"》，载《华中科技大学学报》2018年第6期。

③ 葛美娟：《单位犯罪刑罚适用中的重要问题探讨》，西南政法大学2010年硕士学位论文。

程序法视阈下正当防卫证据规则的构建

杜小利*

摘要:正当防卫是法律赋予公民的一项权利。正当防卫的认定直接涉及实体法上行为的出罪与入罪、量刑处罚,关系公民的合法权益和司法权威。从程序法上架构正当防卫案件的证据规则,对于释放"正当防卫"条款的立法价值具有重要的现实意义。本文拟从证明责任、证明标准、证明方式三个方面来构建正当防卫案件中的证据规则,以期对司法实务中正当防卫的认定起到参考作用。

关键词:正当防卫　证明责任　证明标准　证明方式

正当防卫是法律赋予公民在面对不法侵害又无法及时得到公力救济的合法私力救济权利。近年来,从山东"于欢案"到福建"赵宇案",在媒体舆论的关注下,"正当防卫"引起全社会各阶层广泛而深刻的关注和讨论。我国现行《刑法》关于正当防卫的规定与世界上不少国家相比已相对合理完善,然而,司法理念认识偏差、司法环境等因素使正当防卫的认定率较低。在强调司法以人民为中心的今天,司法机关应积极履职,通过司法唤醒释放正当防卫制度的立法价值。实体法价值的实现需要证据规则来支撑,通过证据规则中证明责任的合理分配、证明标准的科学确定、证明方式的优化选择来为正当防卫的合理认定搭建桥梁和平台,实现司法对社会风尚的引领作用。

一、正当防卫证明责任的分配:控方承担主要证明责任

(一)证明责任的内涵及立法现状

西谚有云:"证明责任乃诉讼的脊梁。"目前我国学术界把证明责任界定为客观证明责任和主观证明责任两种内涵。其中,客观证明责任是指当某一事实处于真伪不明的状

---

* 杜小利,江苏省镇江市人民检察院第二检察部检察官助理。

态之时，通过假定该事实的存在与否，由一方当事人承担最终的败诉风险。而主观证明责任则是指在诉讼过程中，当事人为使自己的诉求得到支持，向裁判者提供证据，以证明自己的主张或反驳对方主张的一种责任。从以上两种证明责任的内涵来看，主观证明责任在诉讼过程中随着相应事实真伪的形成在当事人之间不断转换，不存在天然分配问题。因此，本文主要讨论的是客观证明责任的分配，是案件真伪不明时的一种归责机制，即当案件出现真伪不明的情形时，不利的诉讼风险由谁来承担的问题。

我国《刑事诉讼法》第五十一条规定："公诉案件中被告人有罪的举证责任由人民检察院承担"。从文义上理解，该条规定仅仅明确了被告人有罪的证明责任由控方承担，并未涉及被告人是否承担证明自己无罪的责任，更未明确正当防卫等出罪事由的证明责任分配。尽管《刑事诉讼法》第五十二条规定了"审判人员、检察人员、侦查人员必须依照法定程序，收集能够证实犯罪嫌疑人、被告人有罪或者无罪、犯罪情节轻重的各种证据"，但这本质上是对司法人员设定收集证据的行为责任，而非案件事实真伪不明时的结果责任。更何况，审判人员、侦查人员没有承担结果责任的法律逻辑。因此有学者认为，该条款仅是赋予国家对被告人的"照顾义务"[①]，并不涉及证明责任的分配。

（二）正当防卫证明责任分配辨析

1. 控方承担证明责任。当前主流的观点是控方应当承担正当防卫的证明责任，理由如下：

一是控方承担证明责任是控方指控犯罪排除合理怀疑的应有之义。行为人的行为是否属于正当防卫，会直接影响对其行为罪与非罪、此罪与彼罪的认定。如果是否属于正当防卫无法查明，且有证据证明行为人可能属于正当防卫时，根据刑事案件的证据标准，即无法排除"正当防卫"这一合理怀疑，因此控方如果要完成指控犯罪的任务，客观上必须承担正当防卫证伪的责任。

二是控方承担证明责任符合正当防卫的法律意义。一个案件在诉讼过程中，控辩双方需要证明的事实包括定罪事实、量刑事实和程序性事实，而是否属于正当防卫直接决定对行为的定性和量刑，在这个分析维度上，应将正当防卫归入定罪量刑事实范畴中，适用与犯罪的基本构成要件同样的证明责任，即应该由控方来承担证明责任。

三是被告人的证明责任具有法定性，必须基于刑事法律的明文规定，裁判者不得在无法律明文规定的情况下赋予被告人证明责任。例如，我国《刑法》第三百九十五条第一款规定的"巨额财产来源不明罪"，要求国家工作人员就明显超过合法收入的巨额财产的合法性来源进行说明，如果不能说明巨额财产的合法性来源，即认定巨额财产的来源非法。在此，"国家工作人员的说明"是《刑法》所明确要求的。而正当防卫的证明责任并没有明文法律规定不得增加被告人的责任。

---

① 李昌盛：《积极抗辩事由的证明责任：误解与澄清》，载《法学研究》2016 年第 2 期。

2. 被告人承担证明责任。被告人承担正当防卫的证明责任概括的理由如下：

一是从当前主流的犯罪四要件构成理论来看，正当防卫属于出罪要件，不应该归于犯罪构成四要件中的任何一个要件，而是独立于犯罪事实的例外情形，提出正当防卫是在犯罪事实之外提出的一个独立的主张。按照证明责任分配“谁主张，谁举证”一般原则，只要在诉讼过程中出现了新的诉讼主张，提出方应就该主张承担证明责任。①

二是从犯罪的三阶层理论来看，犯罪构成要件的该当性、违法性和有责性要件之间蕴含着推定关系。具体表现为：该当性属于推定展开的基础事实，违法性和有责性属于推定事实。控方只需要对推定展开前提的基础事实承担证明责任，而作为推定事实自然结果之违法性与有责性要件应该由对方承担。即若违法阻却或责任阻却事由是否存在出现真伪不明时，由被告人承担不利后果。②

三是从我国的司法改革和发展来看，在我国刑事诉讼制度的发展过程中更加注重诉讼过程控辩双方的平等对抗，因此要求被告人承担部分积极抗辩事由的证明责任符合刑事司法发展的要求。

（三）规则建议：辩方启动正当防卫争议点，控方承担主要证明责任

笔者认为，在正当防卫案件中，被告人的证明责任主要体现在必须使正当防卫这一事实处于真伪不明的状态。一般情况下，控方基于犯罪的四要件对犯罪事实予以证明后，法官的临时心证已基本形成，被告人如果不能提出有力的证据动摇法官的认知，其提出正当防卫的辩解就没有意义。从这个角度来讲，辩方或者被告人启动正当防卫的辩解，客观上需要形成争议点，之后的证明责任则转移到控方。

当然，控方承担正当防卫的证明责任，并不是要求控方证明被告人的行为构成正当防卫，而是要求控方排除被告人的行为构成正当防卫。例如，在甲涉嫌杀害乙的案件中，甲辩称自己的行为构成正当防卫，因为乙首先对自己施暴，且手臂上留有淤青，那么针对甲提出反驳意见，正当防卫这个争议点被纳入诉讼进程。此时，控方则负有排除正当防卫存在的证明责任，且必须达到排除合理怀疑的证明标准。

另外，最终是由控方打破这种真伪不明的状态，但是控方提供哪些证据才可以排除正当防卫的存在呢？这是一个值得深究的问题。如果要求控方就正当防卫的五个构成要件分别一一进行排除，这就如同证明正当防卫存在一样，同样也是一个十分浩大的工程。从某种程度上来看，这不仅会增加控方的证明负担，同时也可能造成司法资源浪费。对此，笔者认为，控方至少需要以排除合理怀疑的标准排除事前的不法侵害事实和被告人的防卫意图两个要件的存在。因为从犯罪构成理论的角度来看，排除存在事前的不法侵害与证明犯罪成立中的犯罪客体要件存在重合之处，排除被告人存在防卫意图与证明

---

① 参见陈瑞华：《刑事诉讼中的证明责任问题》，载《警察法学》2013 年第 1 期。

② 参见孙远：《法律要件分类说与刑事证明责任分配》，载《法学家》2010 年第 6 期。

被告人具有犯罪的主观要件存在重合之处。也就是说,要求控方排除这两个要件的成立,本身并没有增加控方的证明负担,因为证明存在犯罪客体和犯罪意图本身就属于控方证明被告人有罪的证明范畴,这种做法仅仅只是从另一个方面来对犯罪构成要件进行证明。除此之外,事前的不法侵害是正当防卫成立的基础,时间要件、对象要件、限度要件等都是在存在不法侵害的前提下所做出的限定。因此,控方如果能排除不法侵害的存在,那么大概率上就可以排除正当防卫存在的可能。

二、正当防卫证明标准的确定:排除合理怀疑

理论上完成控辩双方证明责任分配后,具体到某一案件中,若辩方形成争点达到了启动控方证明责任的程度,下一步将面临的是如何确定证明标准问题:第一,被告人提出什么样的争点才能达到启动控方的证明责任的要求?第二,控方举证达到什么程度,才能视为已经将正当防卫存在的事实排除,可以支持定罪判决?第三,什么情况下可以视为正当防卫的事实真伪不明,从而根据结果责任规则而判决无罪?

(一)立法现状及司法困境

我国当前立法无论是关于被告人提出形成争点的证明标准,还是控方对正当防卫证伪的证明标准均没有明确规定。《刑事诉讼法》第五十五条规定“证据确实、充分”才可以“认定被告人有罪和处以刑罚”,且进一步用“排除合理怀疑”予以解释何谓“证据确实、充分”,从某种意义上来讲,这一标准仅仅适用于有罪的证明标准。即便如此,有学者也主张不必一概适用排除合理怀疑标准。比如,至少可以对简易程序案件采用稍低的定罪标准。[①] 其实,排除合理怀疑本质上是司法者结合案情综合考虑所有证据之后对行为做出的整体性评价标准,而对案件中的个别事实,如是否存在或者构成正当防卫,法律并未明示需要证明到排除合理怀疑的程度。也就是说,对正当防卫正向的证立与逆向的证伪是否需要遵循一致的证明标准?对于这些问题,立法者并未规定,这就给司法留下了较大的自由裁量空间。这可能使同一起案件,一审可能没认定正当防卫,二审认定了正当防卫或者防卫过当,使判决结果天壤之别,从而严重影响司法的公信力。

(二)规则建议:从合理怀疑到排除合理怀疑

在刑事案件中,控辩双方的地位、举证能力悬殊明显,相对控方,被告人的举证能力较弱,证明成本更高。但被告人是事实经过的亲历者,其口供的证明成本很低,因此被告人应该如实详尽供述,为控方举证提供线索。一旦被告人穷尽其具有的信息优势,若再要求其继续举证,成本就会增加,对于失去人身自由地位相对弱势的被告人通过寻找其他证据来补强口供的能力和可期待性都应该有所降低。因此,笔者认为,在被告人形成争点的证明责任上,证明标准不宜趋高,应以被告人所具有的信息优势为限,达到合理怀

① 参见谢登科:《论刑事简易程序中的证明标准》,载《当代法学》2015 年第 3 期。

疑即可。而控方基于其法律赋予的职责和诉讼中的地位,举证能力更强,所以在证伪正当防卫问题上,证明标准应当从严。

其实,合理怀疑的标准并不是轻易就能达到的,笔者认为,在理论上要有法律逻辑上的可能,实务中更需要能符合理性人常理常情常识的判断。如果被告人的正当防卫主张或者提出的争点,不具有任何逻辑性,或者仅具逻辑可能性但不符合常理思维,顶多只能算是“幽灵抗辩”,不足以构成合理怀疑,也就不能启动控方的证明责任。

当被告人提出证据形成存在正当防卫的争点后,证明责任即转移至控方,笔者认为,此时控方需要承担的证明标准应是最高的“排除合理怀疑”的标准。之所以为控方设定最高的证明标准,是因为是否构成正当防卫决定了被告人是否构成犯罪,是否应受刑罚制裁及刑罚的轻重,其理应达到认定犯罪所需要的“排除合理怀疑”的证明标准。而这方面的证据要求,本质与一般刑事案件证明犯罪基本事实的标准没有差异。

三、正当防卫证明方式的选择:不必强求印证

证明责任主要解决防卫事实真伪不明时的后果归责,证明标准解决的是证明主体需要举证的程度。接下来需要思考的问题就是:当控方和被告人穷尽证明责任,司法者该如何判断待证事实的真伪?按照前文的分析,如果辩方和控方分别履行完毕形成争点和正当防卫证伪的证明责任,且对应合理怀疑和排除合理怀疑两个证明标准,那么双方要通过什么方式的证明来达到自己的诉讼目的呢?

(一)印证的立法及具体适用

关于定罪证明方式的要求,《刑事诉讼法》第五十五条有三项规定:一是“定罪量刑的事实都有证据证明”,二是“据以定案的证据均经法定程序查证属实”,三是“综合全案证据,对所认定事实已排除合理怀疑”,前两者立足于形式要求,后者立足于实质要求,也可谓是“主客观相结合”的证明方式。《最高人民法院关于适用〈中华人民共和国刑事诉讼法〉的解释》对定罪的主客观要件提出更为明确的要求,如规定对于口供,如果根据被告人的供述、指认提取到了隐蔽性很强的物证、书证,且口供与其他证明犯罪事实发生的证据相互印证,并排除串供、逼供、诱供等可能性的,可以认定被告人有罪。对于仅有间接证据的案件,除要求所有证据查证属实外,还要求证据之间能相互印证,不存在无法排除的矛盾和无法解释的疑问,全案证据已经形成完整的证明体系,所认定事实足以排除合理怀疑。由此可见,对于判断全案证据能否定罪,应秉持“主客观相结合”的方式。司法实践中,“主客观相结合”的裁判方式往往被等同于客观化的印证证明。具体到个案,一旦要求证据之间能够相互印证,在一些极端的案件中,就可能出现“心证已成但却印证不能”或者“印证已成但却心证不能”的尴尬。比如,在一个封闭的空间,只有双方当事人在场的性侵、暴力犯罪案件,按照印证方式证明事实,行为人的防卫事实证明难度就非常大,裁判结果在不同法院和不同审级之间就会大相径庭。

某一特定的证明事项是否需要适用印证证明方法？笔者认为，应当遵循以下步骤：第一，如果能形成印证，不管法定证明标准是什么，都应该积极适用印证。因为印证能极大增强司法者的内心确信，促成待证事实成立，避免出现错案。第二，在印证成立的基础上，应对认定事实所依据的证据的真实性、合法性和关联性进行重点审查，避免“虚假印证”。第三，即使无法实现印证，不应简单粗暴地与证明失败画等号，需要区分证明事项的性质及对应的证明标准。若为出罪事实或程序事实，可适用相对较低的证明标准，则不应强求印证。若为入罪事实，则理应适用排除合理怀疑标准，尽量适用印证。当然，无法印证并不必然导致举证失败，只是因此承担不利后果的概率会增加。还需要法官综合全案现有证据基础上，通过自由心证判断待证事实能否成立。

（二）规则建议：被告人形成正当防卫争点时不应强求印证

在前面的论述中，笔者主张正当防卫案件被告人承担的任务仅限于形成正当防卫争点启动控方的证明责任，且适用证明标准较低的合理怀疑。被告人能用印证方式证明正当防卫，固然是最优选择，若司法者不能因此否定争点的形成，需要综合在案证据，通过逻辑经验来审查能否构成合理怀疑。具体审查方式可从以下几方面入手：首先，从逻辑上审查言词证据口供的可信度，通过有技巧的讯问尽可能获得足够多的细节信息，并结合客观常识、常情、常理得出判断。其次，结合正当防卫的法定构成要件，对在案证据进行全面审查，核实每一构成要件是否均有证据支持，且能达到确实充分的标准。最后，需要强调的是，心证的可靠性还有赖于诉讼程序的保障。作为一种情理判断，法官不仅需要关注口供及间接证据的具体内容，还应考虑案件客观环境、前后情节等背景因素，以及被告人和证人的言行、举止和神态等“动态即时性证据”。[①] 这就要求诉讼应以庭审为中心，落实证据裁判规则，辅之以行而有效的刑事辩护及法律援助，才更有可能使裁判者心证的信息来源更宽泛，在不强求形式上印证的前提下保障司法者判断待证事实的准确性，确保案件质量不出问题。

尽管本文主要是围绕正当防卫的证据规则展开论述，但其理论框架规则建议所直指的是证据基础问题，可适用于其他类似的证明事项。比如，对于非法证据排除、紧急避险等积极抗辩事由的证明，基本上可以比照正当防卫进行分析。再如，非法证据排除规则，现行法律规定被告人主张非法证据排除时应提供证据或线索，若法官认为“可能存在”非法取证情形，则应启动控方证明责任。若最终确认或不能排除非法取证的合理怀疑，则应对争议证据予以排除，这一制度设计与本文讨论的对正当防卫证明的处理规则一致，可以说明法律实践和学理上对积极抗辩事由的证明的基本立场。

---

① 周洪波：《比较法视野中的刑事证明方法与程序》，载《法学家》2010年第5期。

论我国电子商务中消费者个人信息的法律保护

王　希*

摘要:近年来,电子商务具有的全球性、便捷性、高效低成本等优点,使其成为一种流行的消费方式。与此同时,由电子商务引发的侵害消费者个人信息问题引发了社会普遍关注。对此,我国颁布了一系列国家立法和行业自律规范,其中强调了电子商务中个人信息的法律保护,但仍存在保护体系不完整、可操作性差、责任追究机制不健全等不足。因此,有必要加强电子商务中个人信息保护专门立法,加重经营者责任,提升行业自律。

关键词:电子商务　消费者个人信息　责任机制

一、问题由来:电子商务崛起对消费者个人信息保护带来的挑战

据中国互联网络信息中心(CNNIC)第43次《中国互联网络发展状况统计报告》的数据表明,截至2018年12月,我国网络购物用户规模已达6.1亿,年增长率为14.4%,网民使用率为73.6%。[①] 电子商务发展完成了从基本的商务交易运转方式到产业链体系化运作的模式转变,成为国民经济和社会发展新动力,但这也对个人信息的保护带来了巨大挑战。[②] 虽然与传统商务模式相比,电子商务有全球性、虚拟性、高效性、低成本性的优点,但当下电子商务发展引发的个人信息泄露案件正在逐年增加。在2010年只有415件,

---

* 王希,北京外国语大学法学院博士研究生,南京林业大学外国语学院讲师。本文系江苏高校哲学社会科学研究项目“立法文本翻译研究——以江苏省人大地方性法规为例”(2017SJB0137)阶段性成果,江苏省司法厅政府法治研究资助课题“江苏涉外法治专业人才培养研究”(2020jssf 014)阶段性成果,南京市法学会立项课题“民法典人格权编英译问题研究”(2020NJFXD02)阶段性成果。

① 第43次《中国互联网络发展状况统计报告》,载中国互联网络信息中心:http://www.cnnic.net.cn/hlwfzyj/hlwxzbg/hlwtjbg/201902/P020190318523029756345.pdf,最后访问日期:2019年6月18日。

② 随着信息产业与信息经济的迅猛发展,人被不断卷入信息社会的洪流之中,人的一举一动都进入了信息技术的视野。通过政府的信息采集工作、移动互联网应用和终端的信息收集过程、监控摄像设备及各种互联网设备的自动化拍摄或记录等途径,政府与企业逐渐掌握了大量个人信息。移动互联网、大数据与云计算等技术的发展既为数字经济增添了强劲的动力,也给个人信息的不当获取与利用带来了显著的风险。参见高秦伟:《个人信息保护中的企业隐私政策及政府规制》,载《法商研究》2019年第2期。

但到2016年就已经突破了10000件。特别是2013年至2014年,裁判的案件大幅增长,增长率为299.36%。[①] 在电子商务中,侵害消费者个人信息的行为方式主要有以下四种:

(一)非法获取消费者个人信息

非法获取消费者个人信息主要包括未经许可收集消费者的个人信息和欺骗性地获取个人信息。其中,未经许可收集消费者个人信息是指网络公司和机构在未经电子商务消费者许可或完全不知情的情况下收集个人信息,其具体办法是利用具有追踪功能的Cookies程序。Cookies是指某些网站为了辨别用户身份、进行跟踪而储存在用户本地终端上的协议。应用到电子商务中,商家可以用此程序来追踪消费者在网络上的消费、浏览、操作记录,以此来获取消费者的系列网络活动消息。[②] 此外,除了Cookies程序,其他很多软件也可以非法收集电子商务消费者的个人信息。这些软件可以收集大量的个人信息,如用户浏览的网页、浏览时间、电子邮件地址和电子购物信息记录等。

(二)非法利用消费者个人信息

商家掌握着大量的个人信息,这在大数据时代是一笔宝贵的财富,所以一些商家为了自身发展的需要,非法地利用个人信息,其具体表现为非法交换和出售个人信息。一些同行业从事电商的企业之间为了形成"双赢"之势,在未取得消费者允许的前提下时常会相互兜售、交换彼此掌控的消费者个人信息。同时一些电子商务平台会将自己所掌握的个人信息转卖给其他的具有商业目的的网站或广告公司。这样的现象,在当今层出不穷,如之前多家外卖平台出现泄露个人信息的现象。一条详细的用户姓名、地址、联系方式的信息,甚至只要不到一毛钱,就可以落入他人手中。2017年江苏省睢宁县公安局破获的一起案件中,一家保健品公司居然把买卖客户信息当成副业。在随后的调查中发现其背后还隐藏着一条贩卖个人信息的黑色产业链,他们贩卖的个人信息包括全国各省市电子销售、物流快递业等多种类个人信息,累计1000余万条,非法牟利数十万元。[③]

(三)网络信息中介公司出售消费者个人信息

现实中存在某些专门负责个人信息获取、分析、处理的地下信息网络公司,其获取到详细的个人信息并提供给商家、网站等以谋取高额利润,而他们收集时消费者往往是不知情的或者未经消费者同意。所以这些个人信息流动到不同的商家和网站手中,使消费者的个人信息被泄露,严重侵害了消费者的权益。[④]

(四)侵犯干扰式利用消费者个人信息

侵犯干扰式利用指在没有取得消费者同意的情况下,擅自使用信息主体的个人信息

① 参见张新宝:《从隐私到个人信息:利益再衡量的理论与制度安排》,载《中国法学》2015年第3期。

② 高洁:《电子商务环境下消费者个人数据安全问题及解决对策》,载《南阳理工学院学报》2018年第3期。

③ 参见姚雪青、苏宫新:《江苏警方三个月抓获699名侵犯公民个人信息嫌疑人》,载人民网:http://legal.people.com.cn/n1/2017/0612/c42510-29334417.html,最后访问日期:2019年6月20日。

④ 参见何培育:《电子商务环境下个人信息安全危机与法律保护对策探析》,载《河北法学》2014年第8期。

对其进行侵犯干扰形式的商业报复。① 《关于加强网络信息保护的决定》第七条、《消费者权益保护法》第二十九条、工信部《通信短信息服务管理规定》第十八条②,对侵犯干扰式利用消费者信息作出了相应规定。

二、电子商务中的个人信息及其受侵害原因分析

个人信息是“可以识别个人身份的信息”,作为个人人身、行为状态的数据化表示,是个人自然痕迹和社会痕迹的记录。个人信息指向信息主体,能够显现个人的生活轨迹,勾勒出个人人格形象,作为信息主体人格的外在标志,形成个人“信息化形象”。③ 我国《网络安全法》第七十六条对个人信息的定义和范围作了规定,④《民法总则》第一百一十一条也明确规定了公民个人信息受法律保护。⑤

电子商务活动过程中消费者个人信息遭受侵害的主要原因在于电子商务的在线特征。由于电子商务的在线特征,用户定期将个人信息输入移动应用程序和互联网数据云系统中,用户不仅授权允许服务平台访问,还允许向消费者提供单一服务的单个承包商临时访问的权限,承包商或者供应商的独立数据也由电商平台收集。在电子商务领域中存在不同层次的隐私问题,这取决于被调取数据的一方是消费者、供应商还是第三方机构平台等。作为电商平台运营的核心部分,平台收集、保留和处理关于参与者及其交易的大量数据,包括评级、书面评论、个人资料、登录凭证、支付信息、消费者地理位置和消费者偏好等细节。通常平台本身控制着可以具有重要价值的“大量数据”,这样的数据收集可能会引发大众对平台参与者隐私的担忧。

事实上,尊重消费者隐私并不意味着消费者的数据永远不被披露。相反,平台可以明确地公开信息保密的范围和信息开放的范围,从而减轻平台使用者对隐私权侵权的担忧,特别是能够做出明智的决定。因此,电商模式下“效率提升”和“隐私保护”成了对立面。

---

① 参见鞠晔、凌学东:《大数据背景下网络消费者个人信息侵权问题及法律救济》,载《河北法学》2016 年第 11 期。

② 《关于加强网络信息保护的决定》第七条规定,任何组织和个人未经电子信息接收者同意或者请求,或者电子信息接收者明确表示拒绝的,不得向其固定电话、移动电话或者个人电子邮箱发送商业性电子信息。《消费者权益保护法》第二十九条规定,经营者未经消费者同意或者请求,或者消费者明确表示拒绝的,不得向其发送商业性信息。工信部《通信短信息服务管理规定》第十八条规定,短信息服务提供者、短信息内容提供者未经用户同意或者请求,不得向其发送商业性短信息。用户同意后又明确表示拒绝接收商业性短信息的,应当停止向其发送。

③ 参见张新宝:《从隐私到个人信息:利益再衡量的理论与制度安排》,载《中国法学》2015 年第 3 期。

④ 《网络安全法》第七十六条规定,个人信息是指以电子或者其他方式记录的能够单独或者与其他信息结合识别自然人个人身份的各种信息,包括但不限于自然人的姓名、出生日期、身份证件号码、个人生物识别信息、住址、电话号码等。

⑤ 《民法总则》第一百一十一条规定,自然人的个人信息是受法律保护的。任何个人或组织需要获取他人个人信息的,应当依法取得并且要确保信息安全,不得非法收集、使用、加工、传输他人个人信息,更不得非法买卖、提供或者公开他人个人信息。

此外，电子商务中消费者权利保护意识不足也是诱发个人信息频频被侵犯的关键缘由。电子商务时代的个人信息的处理，主要是基于云计算和物联网技术，这项技术推动了信息时代的爆炸式发展，然而，大数据技术的推广也在一定程度上增加了个人隐私受侵害的风险。末端用户在输出个人信息的时候，往往并没有意识到，这些信息最终被披露在网络平台上，成为某些特定行业内的透明信息。通讯录、短信内容、通话记录等是记载着通联双方的号码信息、姓名、通讯内容、社会交往网络等十分私密的信息，这些信息是个人通常极不愿意公开的。[①] 并且大部分消费者也都忽视了自己的个人信息正在暴露的事实，或者说因为认为这种信息的暴露并不具有破坏其生活的影响力，所以即使在意识到自己的个人信息被不法分子获取后，仅仅有极少数的人会运用法律武器来维护自己的权益，而且由于犯罪主体的不确定性和取证困难等各种因素影响，往往难以及时采取有效措施避免损失，久而久之，消费者便对这种现象习以为常。例如，接收到垃圾短信或者诈骗电话，几乎所有人都会选择将该号码拉入黑名单或者进行举报，但对其个人号码的泄露并无意向或者不知道如何采取措施，往往都是自认倒霉，抱怨了事。

三、我国现有电子商务立法中有关个人信息的法律保护

2000 年信息产业部发布的《互联网电子公告服务管理规定》及 2007 年商务部发布的《商务部关于促进电子商务规范发展的意见》是我国比较早规定消费者个人信息权益保护的规范文件。[②] 但事实上，当下我国并没有有关电子商务领域消费者个人信息权利保护的专门性、体系性的相关法律法规，个别提及个人信息权益保护的法条都只是散见于某些法律规范、司法解释中。有关电子商务中个人信息保护的立法主要规定在《民法总则》《网络安全法》《消费者权益保护法》等常规性法律中，同时，也存在于《电子商务法》有关个人信息保护的专门规定中。

（一）《网络安全法》关于个人信息的规定

2016 年 11 月 7 日全国人大常委会通过的《网络安全法》对个人信息保护作出系列规定。在网络服务商获取、利用个人信息方面，《网络安全法》规定了需遵守必要、合法、正当之原则[③]；明确获取、利用个人信息的方式及范围，明确规定公民对其个人信息享有知

---

① 参见王利明：《民法典人格权编草案的亮点及完善》，载《中国法律评论》2019 年第 1 期。

② 2000 年信息产业部颁布的《互联网电子公告服务管理规定》第十二条规定，电子公告服务提供者应当对上网用户的个人信息保密，未经上网用户同意不得向他人泄露；第十九条规定了侵犯他人个人信息的法律责任。2007 年商务部印发的《关于促进电子商务规范发展的意见》中指出，"引导电子商务企业建立健全网络与信息安全保障制度，采取有效的网站安全保障措施、企业信息保密措施和用户信息安全措施，防范和制止利用互联网盗取商业秘密和提供用户信息给第三方以牟取利益的行为。"

③ 从我国有关个人信息保护的立法及国家标准文件来看，对个人信息保护的基本原则体系已经达成了初步共识，即个人信息保护的原则分为基本原则和具体原则。基本原则是具体原则的上位原则，指导具体原则的实践。具体原则是基本原则的具体化，配合基本原则的实施。不同层级的原则之间是指导与被指导的关系，相同层级之间是平行且互为补充的关系。参见张新宝：《个人信息收集：告知同意原则适用的限制》，载《比较法研究》2019 年第 6 期。

情权、更正权、删除权。同时,在推进电子商务发展方面,《网络安全法》还规定了禁止提供个人信息的例外情况,例如,通过处理并不能直接识别出特定个体的,且无法恢复的信息可以进行合理使用。这一规定是对国家积极推进大数据行业交流发展态势的积极响应,进一步推动了数据产业的发展。

(二)针对个人电子信息保护的其他规定

2012 年 12 月 28 日发布了全国人大常委会针对个人电子信息保护,相应出台了法律法规,主要有:《全国人民代表大会常务委员会关于加强网络信息保护的决定》,其中规定了关于电子信息保护的系列举措:明确国家需要保护的是可以识别的涉及公民个人隐私、个人身份的电子信息;明确网络服务者及其他企业单位合法收集个人电子信息的责任及义务;明确相关主管部门为预防、制止非法收集、出售公民个人电子信息等行为,应在其职责权限内依法恪尽职守,必要时采取相关技术举措;同时,还规定了违反义务的主体需要承担相应的民事、行政和刑事责任。《电信和互联网用户个人信息保护规定》,专门针对电信业务经营者、互联网信息服务提供者规定了较为全面而系统的个人信息收集和使用规范、安全保障措施以及相应的法律责任。《民法典》第四编第六章规定了公民个人信息受到法律保护。《消费者权益保护法》第二十九条①规定了经营者合法获取消费者个人信息的具体义务及违反相关义务需要承担的责任。此外,《电子商务法》中也对电子商务的经营者提出了保障用户个人信息合理使用的具体要求。

(三)相应的民事、行政、刑事责任

根据目前的立法体系,对公民个人信息的保护,已在《民法典》中明确其私权的地位,且长期以来已经在事实上作为"个人信息权"得以保护,当出现侵害个人信息的行为时,在民事层面会产生诸多请求权基础,受侵害者可据《民法典》第一千零三十四条至第一千零三十九条,《侵权责任法》第十五条、《消费者权益保护法》第五十条提出要求侵害人停止侵害、恢复原状、赔偿损失等系列诉讼请求。行政法层面,侵犯个人信息的行为也会受到行政法层面的制裁。例如,《全国人民代表大会常务委员会关于加强网络信息保护的决定》第十一条即明确规定了网络服务提供者违法提供个人信息的,将受到警告、罚款、吊销许可证等行政处罚。② 刑事法层面,当行为人侵犯个人信息行为的严重性达到触及

---

① 《消费者权益保护法》第二十九条规定,经营者收集、使用消费者个人信息,应当遵循合法、正当、必要的原则,明示收集、使用信息的目的、方式和范围,并经消费者同意。经营者收集、使用消费者个人信息,应当公开其收集、使用规则,不得违反法律、法规的规定和双方的约定收集、使用信息。经营者及其工作人员对收集的消费者个人信息必须严格保密,不得泄露、出售或者非法向他人提供。经营者应当采取技术措施和其他必要措施,确保信息安全,防止消费者个人信息泄露、丢失。在发生或者可能发生信息泄露、丢失的情况时,应当立即采取补救措施。经营者未经消费者同意或者请求,或者消费者明确表示拒绝的,不得向其发送商业性信息。

② 《关于加强网络信息保护的决定》第十一条规定,对有违反本决定行为的,依法给予警告、罚款、没收违法所得、吊销许可证或者取消备案、关闭网站、禁止有关责任人员从事网络服务业务等处罚,记入社会信用档案并予以公布;构成违反治安管理行为的,依法给予治安管理处罚。

刑法的底线时，可能构成侵犯公民个人信息等罪名，此时相关的刑事责任将会由此而生。①

（四）个人信息保护的自律机制②

1. 个人信息保护的信息掌控者自律机制。自律机制是指在国家立法之外，社会组织体自发通过确立自律规范来规范自己行为实现自律目的的一种机制。③ 某些信息掌控者为了促使有关行业取得更大的进步及成效，在获取、控制、利用个人信息的基础上，拟订出保护个人信息的内置性规则并做出保障个人信息权益的允诺。此种模型便是信息掌控者通常采用的保护个人信息的自律手段。

2. 个人信息保护的行业自律机制。相关行业组织依据法律、行政法规，按照章程的规定，强化行业自律，建立健全行业规范和奖惩措施，制定个人信息保护行业规范，指导各个会员加强个人信息保护，推动信息主体提升个人信息保护水平，推进行业稳固、协调、健康发展。中国互联网协会于 2002 年公布的《中国互联网行业自律公约》即对互联网行业中个人信息保护的自律性规划及要求作了相应的规定。④

四、电子商务中个人信息法律保护存在的问题与完善建议

2005 年实施的《电子签名法》规范了电子签名行为，确立了电子签名的法律效力，明确了电子商务中的身份认证问题，但这并未有效地制止非法收集、获取、泄露个人信息等现实难题。从 2011 年以来，由于发生了美团、当当网、淘宝网等互联网用户的网络财产被盗、用户账号被黑等系列事件，加剧了电子商务市场中信息主体关于个人信息受到侵犯的紧迫感和恐惧心理。⑤ 2014 年新修订的《消费者权益保护法》第二十九条规定经营者获取、利用消费者个人信息时，应当遵循合法、正当、必要的原则。从理论意义层面上看，第二十九条为消费者个人信息的保护提供了充足的正当性基础，但从具体适用层面

① 侵害个人信息严重的，有可能触犯刑法，构成“侵犯个人信息罪”。《刑法》第二百五十三条规定，违反国家有关规定，窃取或者以其他方法非法获取、向他人出售或者提供公民个人信息，情节严重的，处三年以下有期徒刑或者拘役，并处或者单处罚金；情节特别严重的，处三年以上七年以下有期徒刑，并处罚金。而违反国家有关规定，将在履行职责或者提供服务过程中获得的公民个人信息，出售或者提供给他人的，从重处罚。

② 作为一种内在机制，自律机制可以与国家法律的外在强制机制实现良性互动。统一的个人信息保护法往往缺乏灵活性和针对性；多方利益平衡和妥协之后的立法，可能仅能在个人信息保护的最低标准上达成共识。因此，在个人信息保护方面行业自律有更大的发挥余地，应当充分调动和鼓励同行业者自律的积极性，鼓励业者承担“超越法律”的社会责任。参见周林彬、何其丹：《试论“超越法律”的企业社会责任》，载《现代法学》2008 年第 3 期。

③ 参见齐爱民：《个人信息保护法研究》，载《河北法学》2008 年第 4 期。

④ 《中国互联网行业自律公约》第二章专门规定了自律条款，要求成员“自觉维护消费者的合法权益，保守用户信息秘密；不利用用户提供的信息从事任何与向用户作出的承诺无关的活动，不利用技术或其他优势侵犯消费者或用户的合法权益”。第十九条规定，“中国互联网协会负责组织实施本公约，负责向公约成员单位传递互联网行业管理的法规、政策及行业自律信息，及时向政府主管部门反映成员单位的意愿和要求，维护成员单位的正当利益，组织实施互联网行业自律，并对成员单位遵守本公约的情况进行督促检查。”

⑤ 参见何培育：《电子商务环境下个人信息安全危机与法律保护对策探析》，载《河北法学》2014 年第 8 期。

看,本条规定原则性较强具体性较弱,从而使实践的可操作性和针对性并不强,还需要对相关条款进一步细化。

《电子商务法》于 2018 年颁布,2019 年 1 月 1 日起正式实施,其主要以电子商务经营者和电子商务平台经营者为调整对象,该法第五条和第三十二条明确规定了此两主体对消费者个人信息保护的具体义务。电子商务平台经营者收集个人信息可以在合理的范围内使用,并且要符合相关法律法规的规定。一旦非法使用就要承担一定的法律责任,同时有关的主管部门应当确保个人信息、隐私严格保密。虽然《电子商务法》较之《消费者权益保护法》中原则性的规定明确了很多,但是对于“合理”的边界和有关部门义务的规定仍然存在模糊性。①

电子商务中个人信息保护方面存在的主要问题包括:(1)在法律的适用范围上,保障个人信息权益的法律法规条文数量稀少,并且这些条款的适用范围比较窄,国家层面并未出台专门针对全部信息掌控者的统一性的个人信息保护法。(2)在法律的体系性上,当下法律规范间欠缺系统性地照应,呈现出一种“七零八碎”的局面,这明显阻碍了相关法律条文的流畅性适用。② (3)在法律的可操作性上,个人信息维权缺乏有效救济渠道。在信息时代背景下,各个信息主体的经济水平、侵犯个人信息的手段常常各不相同,怎样为受侵害者提供适当的法律救济,怎样对侵害者的责任予以追究,举证责任的分配在这一过程中起着举足轻重的作用。③ 如果依据“谁主张,谁举证”的原则要求消费者对泄露的具体环节进行举证,对消费者明显有失公平、公正,还会助长经营者对保护个人信息的轻视。(4)在个人信息的法律保护手段上,重“刑事处罚”和“行政管理”,轻“民事确权”与“民事归责”是司法实践中的常态,此种重刑轻民的司法模式诱发的现实问题则是:当事人的个人信息受到侵犯后,司法者首先考量的是侵害者应当承担刑事责任或行政责任,而民事赔偿责任后置致使信息主体的财产性与非财产性权益的保障并未得到及时、有效的实现。④ (5)在个人信息保护的观念上,对消费者个人信息权益的维护模式可分为直接性维护和间接性维护。其中最有效、妥当的当属直接性维护模式。但在我国法治语境下,对个人信息直接保护的重视只是在近些年才得以兴起,客观上,由于长时间欠缺对

① 参见吴文博、陈衍如、董海宾:《电子商务环境下消费者权益的保护——以〈电子商务法〉为视角》,载《电子商务》2019 年第 6 期。

② 参见张锦贵:《“人肉搜索”与个人信息保护的法律分析》,中国社会科学院 2009 年硕士学位论文。

③ 参见袁翠微:《浅论信息时代背景下个人信息权侵权举证责任的分配——以庞理鹏诉趣拿公司、东航公司案为例》,载《广西警察学院学报》2018 年第 2 期。

④ 参见洪海林:《个人信息的民法保护研究》,西南政法大学 2007 年硕士学位论文。“民法不是为了保护个人信息而保护个人信息,个人信息本身也不是需要得到法律保护的利益。但是,个人信息上附着着其他需要法律保护的利益。其中,有相当一部分的利益已得到了现行法上各种人格权的保护,如个人信息上的隐私、生活安宁等利益为隐私权所保护,自然人对作为个人信息的姓名所享有的决定、变更和使用的利益被姓名权加以保护,肖像权保护的是自然人对其肖像的支配利益。”参见程啸:《民法典编纂视野下的个人信息保护》,载《中国法学》2019 年第 4 期。

个人信息保护的重视，使大家保守地只对个人信息选取局限的间接保护举措。[①]

5G时代，万物为媒。新世界向人类开启无限机会的同时也时刻潜伏着危机，即人类和机器在挖掘信息价值的同时也对人类的隐私再次发起挑战。保护个人信息尤其是规范个人私密信息的收集，应该是当代法治的重要任务之一。[②] 针对以上诸多困境，可以从以下四个方面进行考量并优化电子商务领域中个人信息的法律保护。

第一，建立健全个人信息法律保护的责任机制。在电子商务领域个人信息的保护需要有行政力量的干预来为其保驾护航，然而站在信息主体的角度看，能够最大限度地维护信息主体相关权益的方法是在法律层面授予当事人相应的权利，从而让信息主体从权利本位角度出发以维护自身合法权益之名义与信息掌控者抗衡。此外，针对侵害个人信息的诸多非法行为，受侵害者通过《民法典》《侵权责任法》《消费者权益保护法》等相关法律寻求适当的请求权基础，主张加害人承担相应的民事责任，使受侵害者得到有效、及时、全面的救济。[③] 在大数据时代背景下，个人信息受到侵害的案件逐日增多，侵权方常常为大型的公司、企业，而受侵害方往往是势单力薄的个人，这一现实问题使该类案件的举证责任分配成为立法者及司法者必须重视的问题。正如有人指出的，信息侵权案件中举证责任的分配是否恰当、公平，直接关系到被侵权人的合理利益是否得到保护，关系到正义是否得到伸张。[④] 要实现让每个公民在具体案件中感受到公平正义，应该坚持完善立法以更合理地分配举证责任。

第二，加重电子商务经营者责任。当前也还需要强化、凸显经营者对用户个人信息保护的义务及不履行相关义务应当承担的责任。当下众多公司企业都有独立的大数据库，其中既有企业自身的数据，也有涉及用户隐私的个人数据。但是，法律对于企业如何使用、保管这些数据都缺乏具体、有制约力的法律标准和监管手段。针对个人信息泄露模式复杂的现状，必须加强企业对此应承担的法律责任，有关部门与配套的惩罚措施还有待进一步细化，法律对泄露公民个人信息这一行为的威慑力还有待进一步加强。

第三，提升消费者自我防范意识。从主观层面分析，消费者个人信息保护的防范意识是消费者主观能动性的具体体现，是强化消费者个人信息保护中至关重要的部分。从某一层面上看，个人信息的泄露并被非法利用与消费者个人信息自我防范意识疏漏且具有强烈的网购心理欲望等息息相关，概言之，互联网消费者需慎重保管个人信息，一定情况下采取某些必要的技术防范措施。[⑤]

---

① 参见张锦贵：《“人肉搜索”与个人信息保护的法律分析》，中国社会科学院2009年硕士学位论文。

② 参见张新宝：《个人信息收集：告知同意原则适用的限制》，载《比较法研究》2019年第6期。

③ 参见单飞：《个人信息保护的现状分析》，载《中国防伪报道》2016年第10期。

④ 参见袁翠微：《浅论信息时代背景下个人信息权侵权举证责任的分配——以庞理鹏诉趣拿公司、东航公司案为例》，载《广西警察学院学报》2018年第2期。

⑤ 参见程莹：《加强消费者个人信息保护意义重大》，载《光明日报》2017年3月18日。

第四,强化外部监管,重视源头管控。面对我国消费者举证困难、私力救济不济的现状,监管部门的外部监督成为消费者个人信息安全的有力保障。我国目前由工商、网信、国务院电信主管部门等对用户个人信息实行多头监管,容易造成监管漏洞和盲区,难以形成执法合力。[①] 因此,可借鉴世界其他国家的有效做法,在相关部门下设个人信息保护机构,统筹规划,专尽其责。此外,也可以尝试构建适合消费者个人信息保护特色的协同监管制度,从而达到强化外部监督、实现源头管控的深层目的。

---

① 参见程莹:《加强消费者个人信息保护意义重大》,载《光明日报》2017 年 3 月 18 日。

调查报告

知识产权刑事司法保护调研报告

徐　超*

目前,我国的知识产权保护主要分为民事救济、行政救济和刑事司法救济三种方式。其中,刑事司法保护是所有救济方式的后盾和保障,对保护知识产权起到了举足轻重的作用。但随着市场经济的高速发展,侵犯知识产权犯罪的新型化和多样化日益明显,知识产权刑事司法保护也面临巨大挑战,亟须我们加以研究和改进。本文以2015~2019年江苏省知识产权刑事案件为样本,从案件的特点入手,剖析司法保护遇到的突出问题,在此基础上提出对策和建议,力求为完善知识产权刑事保护体系提供参考。

一、江苏省知识产权刑事案件总体情况

2015年1月至2019年12月,江苏全省共受理审查起诉侵犯知识产权案件2855件7139人。我们从检察机关最具代表性的受理审查起诉案件入手,对案件的起诉意见书、审查报告和判决书等进行分析发现,全省知识产权案件主要呈现对象扩大化、罪名集中化、主体低知化、行为群体化和结果异地化等特点。

(一)案件发案数持续上升,侵权对象扩大化

2015~2019年,全省受理审查起诉侵犯知识产权类案件数从2015年的342件678人,上升到2019年的830件2294人,同比分别上升2.4倍和3.4倍,呈逐年上升趋势,如图1所示。知识产权案件件数和人数在所有刑事案件中的占比也从2015年的0.45%、0.66%分别上升到2019年的0.92%、1.69%,占比翻了一番,如图2所示。从侵权对象

---

* 徐超,江苏省宿迁市人民检察院案件管理部副主任。

上来看，已经从传统的服装、烟酒、化妆品蔓延到集成电路板、网络域名、专利服务等各个领域。

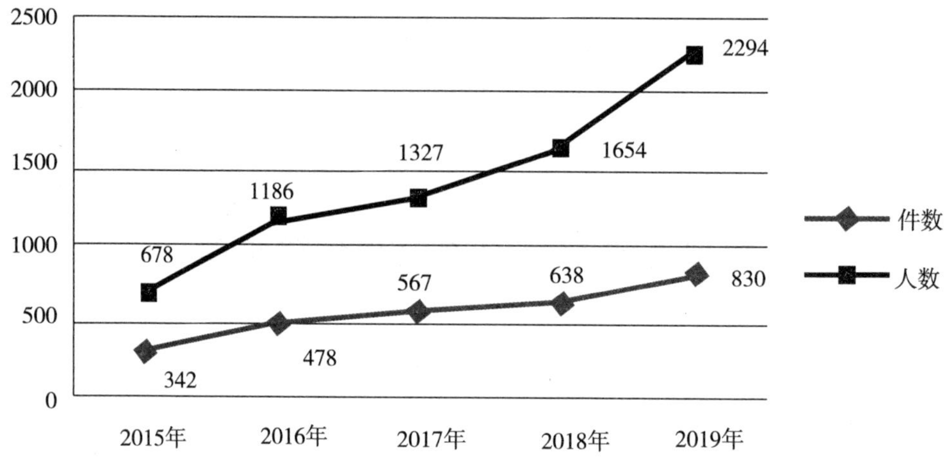

图 1　2015 ~ 2019 年犯罪数变化情况

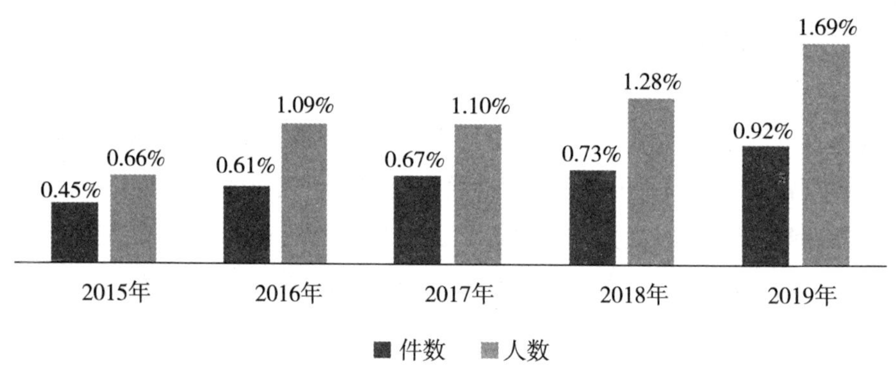

图 2　知识产权案件在全部刑事案件中的占比情况

（二）侵权罪名集中化

《刑法》分则中的侵犯知识产权类犯罪包括 7 个罪名。2015 ~ 2019 年，全省假冒注册商标罪 1007 件 2549 人、销售假冒注册商标的商品罪 1472 件 3653 人、非法制造、销售非法制造的注册商标标识罪 169 件 428 人、假冒专利罪 4 件 4 人、侵犯著作权罪 181 件 440 人、销售侵权复制品罪 4 件 7 人、侵犯商业秘密罪 18 件 58 人。7 类案件均有涉及，但集中在假冒注册商标罪和销售假冒注册商标的商品罪，如图 3 所示。

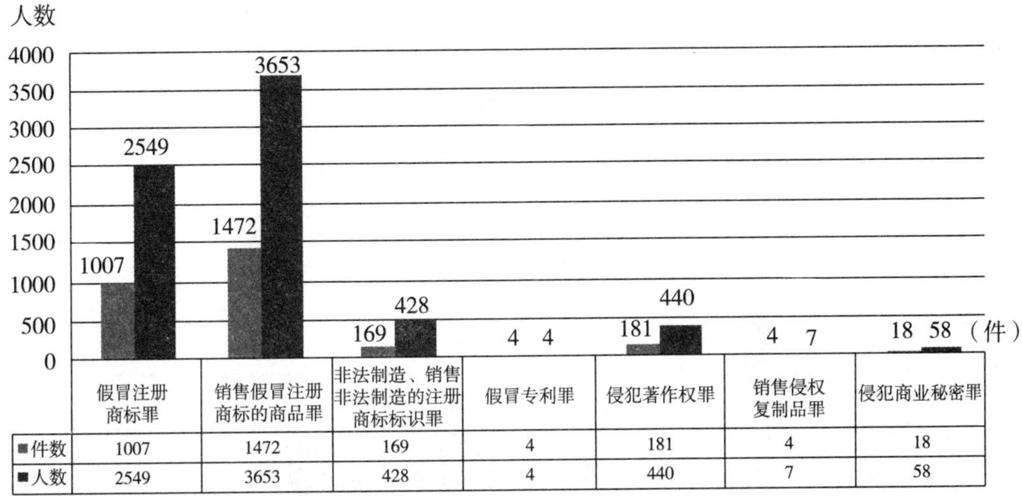

	假冒注册商标罪	销售假冒注册商标的商品罪	非法制造、销售非法制造的注册商标标识罪	假冒专利罪	侵犯著作权罪	销售侵权复制品罪	侵犯商业秘密罪
■件数	1007	1472	169	4	181	4	18
■人数	2549	3653	428	4	440	7	58

图 3　2015～2019 年侵犯知识产权刑事案件情况

从各罪名犯罪人数的同比情况看，假冒注册商标罪增长 161.23%，销售假冒注册商标的商品罪增长 284.21%，非法制造、销售非法制造的注册商标标识罪增长 473.91%，假冒专利罪净增 2 人，侵犯著作权罪增长 356.1%，销售侵权复制品罪净增 2 人，侵犯商业秘密罪下降 53.33%。7 种犯罪中商标类案件始终占据首位，如图 4 所示，原因在于商标类犯罪的成本较低，通过简单复制标识即可生产大量的假冒商品，获得远远高于其侵权活动成本的巨额利润。

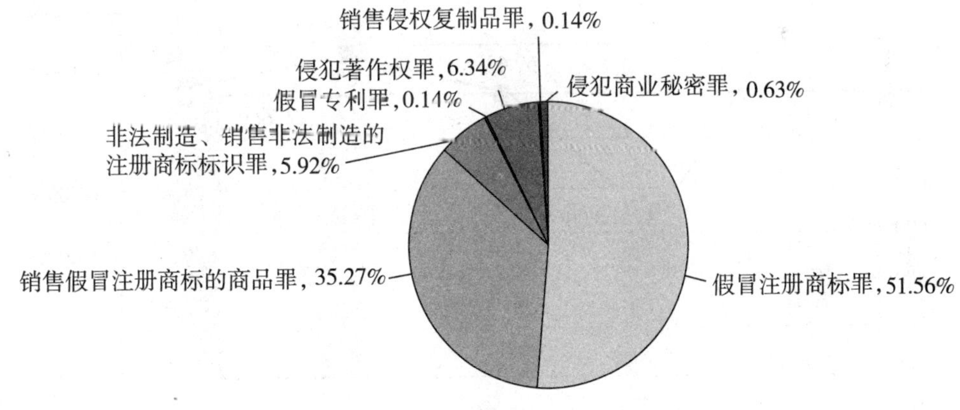

图 4　2015～2019 年侵犯知识产权刑事案件构成情况

（三）侵权主体低知化

受理审查起诉的侵犯知识产权犯罪人员中，文盲半文盲 84 人，占比 1.18%；小学 982 人，占比 13.76%；初中 3278 人，占比 45.92%；技校 4 人，占比 0.06%；中专 391 人，占比 5.48%；职高 18 人，占比 0.25%；高中 944 人，占比 13.22%；高职 7 人，占比 0.1%；专科毕业 689 人，占比 9.65%；大学本科 494 人，占比 6.92%；硕士研究生 34 人，占比 0.48%；

情况不详的 214 人,占比 3%,如图 5 所示。2015 年至 2019 年,初中以下学历的犯罪嫌疑人占比分别为 72.74%、65%、69.42%、70.74%、69.66%,如图 6 所示,总体上犯罪嫌疑人的学历不高,侵犯知识产权犯罪行为并未体现高智能化。

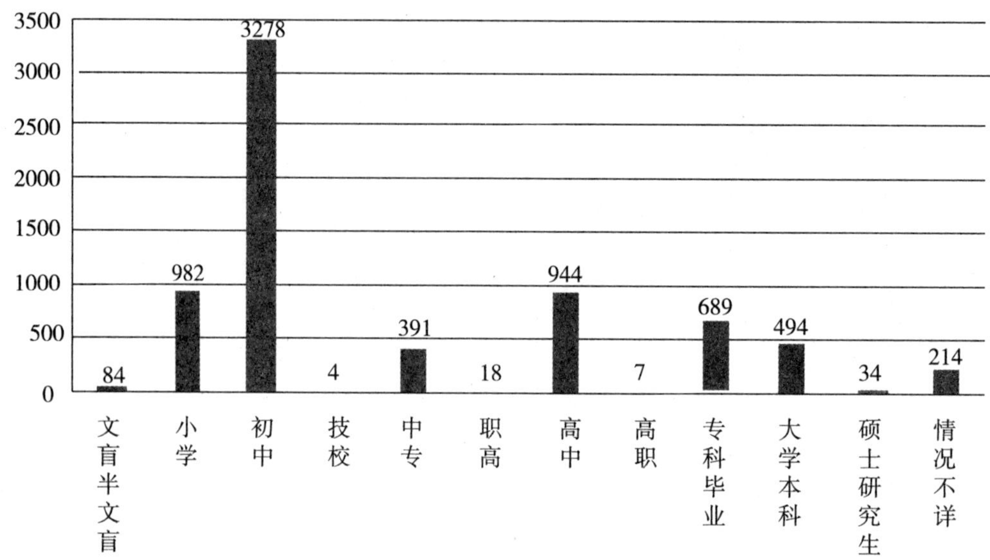

图 5　受教育状况分布

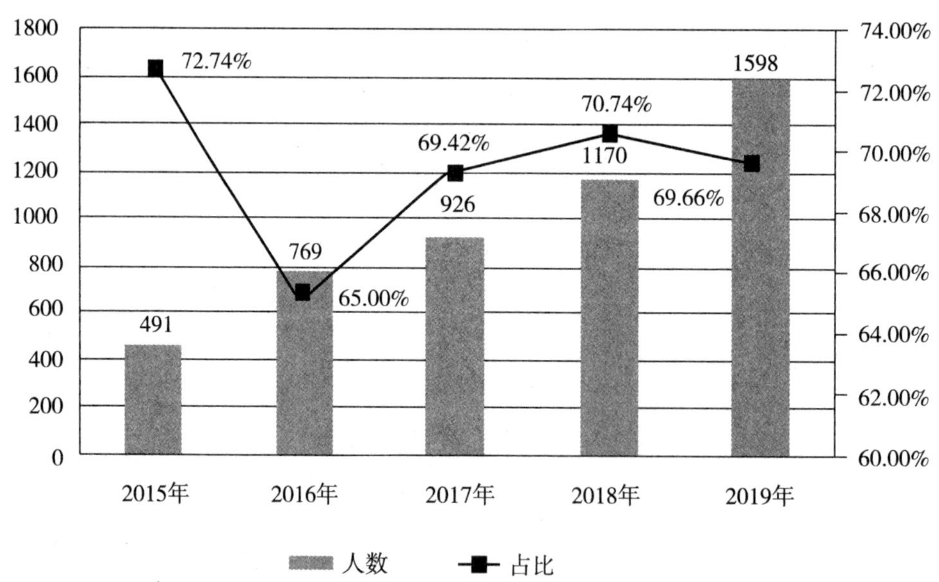

图 6　低学历犯罪人数及占比情况

(四)共同犯罪成主流,侵权行为团体化

侵犯知识产权犯罪呈现组织化、专业化趋势。涉及人员多,分工明确,内部组织严密,形成的产业链化趋势明显。被告人在犯罪活动中分别负责运输、批发、零售等不同环节,长期共谋实施犯罪,有固定的联系方式,形成了一条明确的犯罪产业链。据统计,上述2855件案件中,有1449件为共同犯罪,占比50.8%,共同犯罪已经成为主流。共同犯罪中2~5人的有1254件,6~10人的有157件,10~20人的有29件,20人以上的有9件,最多案件共同犯罪人数为44人,如图7所示。从这些案件可以看出,侵权行为容易因同乡或熟人关系而聚集,并在"前辈"的带领下跟风作案,在一定犯罪区域内进行传递,具有"传染性"强的特点。

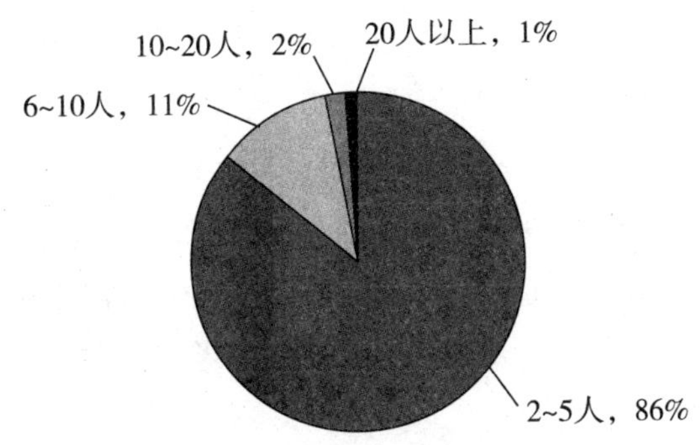

图7 共同犯罪人数组成情况

(五)网络侵权方式增多,侵权结果异地化

犯罪分子依托便利的互联网支付方式和发达的物流网络实现犯罪目的,采取各种手段蒙蔽经销商和消费者。如利用假许可文件、假包装、假批号、假海关证明等蒙骗经营者和消费者,侵权产品极具迷惑性,难以辨别。侵权的载体由原来传统的实体店面、固定场所向利用淘宝、苏宁易购、国美、京东、壹号店等电商渠道发展。特别是近两年,更是由传统电商向抖音、主播带货、微信代购、"二手"交易等新模式发展,严重扰乱市场秩序。据统计,近5年全省知识产权犯罪中利用网络手段实现的有624件,占知识产权全部案件的21.8%。

二、当前知识产权刑事司法保护面临的困境

我国知识产权保护起步晚,用40年时间走完了西方国家几百年的保护历程。长期以来,在以公有制为主体的经济体制当中,知识被当作社会的共同财富,其作为一种私权利的性质被否定,片面强调"公有"而不注重"私权"的观念导致我国知识产权的保护长期滞后。

(一)知识产权刑事立法不够完善

1.罪名设置不够完整。主要体现在知识产权刑法罪状单一性上。现行《刑法》关于知识产权规定了假冒注册商标罪、销售假冒注册商标的商品罪等7个罪名,这7个罪名保护的客体为商标权、著作权和专利权三项权利。在商标权、著作权和专利权三个客体方面,现行《著作权法》《商标法》《专利法》中规定的很多权利没有得到《刑法》的保护。

例如,《刑法》保护的客体均为实物,而对一些专利服务缺乏保护;保护了商标商品,而未保护服务商标。又如,《刑法》保护了注册商标,而没有保护非注册的驰名商标。非注册驰名商标与注册商标的地位和价值几乎是同等的,只是一个需要向国家缴纳费用维持商标的专用权,一个不需要缴纳。①

2. 入罪门槛相对较高。在我国,由于知识产权犯罪不仅侵犯了权利人的合法权益,还侵犯了国家关于知识产权的管理制度,扰乱了正常的经济社会秩序,所以一直以来我国知识产保护侧重于对公权秩序的保护,而忽视对权利人的私权保护,这集中体现在入罪的门槛多集中在犯罪数额的要求上。对此,美、英、德等国对知识产权犯罪较多采用行为标准。例如,我国对于侵犯著作权犯罪入罪要求为非法经营 5 万元以上,销售侵权复制品犯罪入罪为违法所得金额 10 万元以上,而美国版权法主要采用行为标准,规定侵权数额只要达到 1000 美元的即可追究刑事责任。② 二者相比,侧重犯罪数额的入罪门槛要比侧重犯罪行为的标准更高,前者更多体现的是对社会经济秩序造成的侵害,而没有直接反映出权利人所受到的实际损失。

3. 刑罚设置不够科学。知识产权犯罪的刑罚主要是自由刑并处或单处罚金刑,刑罚配置无法全面体现刑罚的预防作用。虽然,侵犯知识产权犯罪可以适用“从业禁止”,但在《刑法》上没有针对知识产权犯罪确定资格刑,这显然不利于彰显处罚的严肃性和有效性。此外,大多数知识产权犯罪的刑罚规定了两档量刑幅度,即处三年以下有期徒刑或者拘役,并处或单处罚金,或者处三年以上七年以下有期徒刑,并处罚金。但对假冒专利罪和销售侵权复制品罪却仅仅设置了一档刑罚。对销售假冒注册商标的商品罪设置两档刑罚,但对与该罪构成类似的销售侵权复制品犯罪只规定了一档刑罚,存在不平衡现象。在商标类犯罪中,未区分生产、制作行为与销售行为的刑罚,前者的社会危害显然要大于后者,然而,两类行为的刑罚未作区分。

(二)知识产权刑事司法挑战增多

1. 调查取证困难。取证难和证据完整性的缺陷一直是知识产权司法保护的“瓶颈”。在犯罪组织化、智能化及专业化分工下,犯罪方式由公开、半公开转入地下、半地下状态。特别是在网络犯罪中,线上侵权相较于线下侵权,侵权隐蔽性更强,取证难度也更高,给取证带来极大困难,导致犯罪行为认定难、犯罪数额认定难。例如,在朱某等 5 人“通过信息网络传播”侵犯著作权案中,朱某通过开发“ × × 小说”APP,让用户阅读下载著作权属于上海某公司的小说 49 万余次,获利 60 余万元。由于该案的关键电子数据存储于国内某知名科技公司,而该公司并不配合调查,导致该案经两次退查后,作存疑不起诉处理。

① 参见陈骁:《论我国知识产权犯罪刑事立法保护范围》,载《广西政法管理干部学院学报》2018 年第 3 期。

② 参见李晓:《中美知识产权刑事保护比较研究》,载《法学论坛》2006 年第 5 期。

2. 单位犯罪定罪难。不少犯罪分子注册公司,以单位行为为由规避刑事处罚,有的则通过幕后中间人进货,对上家情况不甚清楚,案件侦破和查处难度增大。在检察机关以侵犯知识产权犯罪起诉公司法定代表人、董事、经理的案件中,辩护人一般提出犯罪嫌疑人侵犯知识产权是基于单位利益的代表行为,应由单位承担刑事责任。如南京某科技公司及其主要负责人销售假冒注册商标的中央空调案,公司主要负责人辩称其仅持有公司40%股份,且公司生产贴牌商品是公司研究决定,其只对生产贴牌空调事实知情,对于后续销售假冒的行为并不知情,导致该案经两次退查后才提起公诉。

3. 适用问题仍存在争议。由于刑事法律规定较为原则抽象,导致办案单位内部或办案单位之间对一些法律适用及事实认定问题产生不同认识,执法标准往往难以统一。比如,对侵犯知识产权犯罪"数额"的认定、未制作完成的侵权产品认定、仿名牌物品的价值认定等问题,存在理解和认识上的分歧。另外,对于知识产权刑事犯罪与民事侵权之间的界限如何把握,实践中还存在争议。在行为模式基本相同的情况下,侵权行为与犯罪行为是否仅是量的差别,对于数额较大的侵权案件该如何处理等问题,都需明确。

（三）知识产权保护未形成合力

1. 案件移送渠道不畅。行政执法与刑事司法的衔接机制仍不够顺畅,"以罚代刑"还很普遍。行政执法部门在查处侵权行为的过程中,常用的处罚措施是没收侵权产品或者处以罚金,对于其中的大多数案件并没有认真考察其是否已经构成知识产权犯罪,移送到司法机关的案件比例较低。江苏省知识产权局支苏平局长在2019年全省知识产权工作会议报告中指出:"2019年全省共查处商标违法案件1884件,案值达8584.85万元,罚没款3303.8万元;查处假冒专利案件7529件,处理专利侵权纠纷2127件"。[①] 而从前文的数据我们知道,2015～2019年江苏全省受理审查起诉的假冒注册商标罪、销售假冒注册商标的商品罪、非法制造、销售非法制造的注册商标标识罪3类商标罪总和只有2648件,而假冒专利罪就更少了,只有4件。这两者的案件数量差距过大,除了有些案件达不到刑事案件成案标准之外,有相当一部分案件可能是以"以罚代刑"的方式处理了。

2. 缺乏统一协调机构。目前,我国在知识产权保护上采取行政部门与司法部门多头管理方式,没有统一的协调机构,各个职能部门之间缺乏必要的沟通协调。通过研究知识产权的保护体系,我们发现,协作配合方面存在的这些问题已经影响了打击知识产权犯罪的合力。比如,行政执法与刑事司法机关对于证据的收集工作,由于刑事案件的立案标准要高于行政类案件,常常会出现行政机关制作的证据无法被采信为刑事犯罪证据的情况,待侦查机关再次去取证时,部分证据由于时过境迁难以再调取,影响了案件查办效果。

---

① 参见《支苏平局长在2019年全省知识产权局长会议上的报告》,载 http://jsip.jiangsu.gov.cn/art/2019/3/15/art_3319_8277240.html,最后访问日期:2020年3月17日。

3. 被害人参与热情不高。被害人参与刑事诉讼的途径多为在侦查阶段向公安机关报案、提供有关的陈述和证言以及出具有关的商标注册证、对假冒注册商标的书面认定等,权利意识较强。而案件移送审查起诉之后,被害人参与案件的热情明显下降,大大影响了后续案件的办理质量。此外,权利人自身保护意识也不强,导致不法分子牟取非法利益后容易掩盖犯罪痕迹。特别是在侵犯商业秘密案件中,权利人的保密意识不强,保密措施流于形式。报案后,甚至无法提供明确的被侵权的商业秘密载体,这直接导致相关证据薄弱的状况。如王某侵犯商业秘密案,该案因部分事实不清、证据不足退回补充侦查 1 次,延长审查起诉期间 3 次,最终通过鉴定才认定王某未遵守保密协议,其所掌握的信息属"不为公众所知悉"的经营信息。

三、进一步完善知识产权司法保护的建议

(一)完善知识产权刑事立法

1. 调整细化现有罪名。一方面,进一步充实现有 7 类罪名的保护范围。一是明确假冒注册服务商标的行为也构成假冒注册商标罪,扩大假冒注册商标罪的行为范围,将商标法明确规定而现行刑法未予以确认的商标侵权行为一并规定为假冒注册商标罪的客观行为模式。二是将严重的侵犯非注册驰名商标的行为纳入刑法保护,让地位和价值同等的非注册驰名商标和服务也能得到应有的重视。三是将销售假冒专利行为纳入刑法规制,作为假冒专利罪的帮助犯,彻底切断假冒专利牟利的渠道,从而更好地保护专利权。另一方面,进一步细化侵犯知识产权的犯罪罪名。例如,针对侵犯商业秘密罪,根据不同犯罪目的及犯罪手段,设置窃取商业秘密罪、泄露商业秘密罪、侵占商业秘密罪等。

2. 增设部分知识产权罪名。随着经济社会的发展,伴随着高科技产生的新型知识产权也在不断产生,用刑法对新型知识产权进行保护已经成为一种必然的趋势。在国际实践中也有不少国家利用刑法保护新型的知识产权,如法国刑法的保护范围已经涵盖了植物新品种、地理标志、集成电路布图设计、半导体掩膜产品、遗传资源、特色标记等。① 鉴于我国的经济社会发展阶段和参加的国际公约、协议要求,建议对当前相对成熟的知识产权进行保护,增加相关罪名。如增设侵犯集成电路布图设计专有权罪、侵犯地理标志专用权罪、侵犯网络域名罪、侵犯植物新品种罪等。

3. 优化犯罪刑罚结构。有针对性地提高知识产权犯罪缓刑适用门槛,对于具有反复侵权、有组织侵权、涉及食药领域等情节的犯罪,谨慎适用缓刑。建议将罚金刑在知识产权犯罪中升格为主刑,消除罚金刑适用的制度障碍,提升罚金刑在知识产权犯罪刑罚体系中的适用力度,加大罚金刑的执行力度,探索将知识产权违法犯罪记录全面纳入征信

---

① 参见陈骁:《论我国知识产权犯罪刑事立法保护范围》,载《广西政法管理干部学院学报》2018 年第 3 期。

系统。进一步扩大禁止令的适用范围，完善禁止令的执行监督机制，设立资格刑，增加刑事制裁威慑力。

（二）创新知识产权刑事司法保护机制

1. 实行知识产权线索“双报制”。在知识产权案件中，鼓励被害人向公安机关报案的同时，也向检察机关报案。检察机关收到相关报案线索后及时履行立案监督、侦查监督职能，通过与公安机关召开联席会议，明确检察机关审查逮捕、审查起诉的范围和重点，引导侦查机关全面、及时收集固定证据。在网络犯罪中，要及时要求网络服务提供者或有关部门协助进行电子数据冻结，防止证据的篡改或灭失，必要时通过截屏、录像等方式先行取证固证，破解“立案难、取证难”问题。

2. 完善提前介入引导侦查机制。针对单位犯罪认定难等问题，建议充分发挥捕诉一体办案作用，完善提前介入引导侦查、审查起诉期间同步补证等机制。明确检察机关审查逮捕、审查起诉等介入侦查的范围和重点，并从提前介入时机、启动程序、介入引导方式等方面，引导侦查机关全面收集固定证据，形成一边审查、一边引导侦查的模式，从源头上提高侦查案件质量。在引导侦查机关补证时，要围绕“缺什么、为什么、做什么、怎么做”四个方面制作《补充侦查提纲》，在退查期间，明确承办人与侦查人员的沟通联系机制，及时关注、掌握证据的变化情况，引导侦查人员全面及时补证。

3. 统一明晰适用标准。一方面，定期组织召开检法联席会议，形成知识产权案件通报、疑难案件会商等制度，定期研讨知识产权犯罪的新特点、新态势，围绕法律适用及事实认定问题加强类案沟通，破解打击知识产权犯罪中遇到的难点和困境，妥善解决认识分歧，统一司法理念和证据标准，提高办理知识产权案件的质量和效率。另一方面，也要完善知识产权典型案例指导制度。通过定期发布知识产权典型案例，明晰检察机关知识产权案件办理标准，指导下级司法机关正确适用法律法规，妥善处理好各种新型的疑难复杂案件，确保知识产权案件办理质量。

（三）提升知识产权刑事保护能力

1. 健全“两法”无缝衔接机制。司法机关应加强与工商、版权、专利等行政执法部门的沟通、交流，对各类知识产权案件的证据标准、案件移送标准形成统一认识。构建刑事和行政“两法衔接”的网上信息共享平台，使检察机关不仅能监督公安机关立案，而且能掌握信息督促行政执法机关及时移送涉嫌犯罪的案件，使涉嫌犯罪的案件顺利进入刑事诉讼程序。不断强化知识产权相关职能部门的协作配合，规范涉嫌犯罪知识产权案件的线索移送、审查、协商、处理等环节的操作，形成信息互通、情报共享的长效联动机制，实现行政执法与刑事司法无缝衔接。

2. 搭建刑事司法研究中心平台。探索由知识产权局牵头，由市场监督、知识产权保护等行政机关，公安、检察、法院等司法机关、高校相关学者、企业代表参加的知识产权刑事法律保护研究中心。搭建一个决策层、法学界、司法界和企业间的联络平台，通过经常举办论坛、专题调研、对疑难复杂案件进行论证和咨询，必要时，可以会议纪要或者会签文件的形式对研讨达成的一致性成果予以提炼、印发，指导辖区内行政机关、司法机关、相关企业共同做好知识产权保护工作，既为决策层和理论界提供一手素材，又为司法实践和企业界提供具体指导。

3. 营造保护知识产权保护氛围。行政职能部门应通过电视、报纸、网络等大众媒体以及“4·26”世界知识产权日，大力宣传知识产权保护知识，普及《专利法》《商标法》《著作权法》等法律法规。司法机关要向社会公布打击侵犯知识产权犯罪的职责和受案范围，宣传动员社会进行举报、投诉，维护自身合法权益不受侵犯。定期公布典型案例以案释法，威慑知识产权违法犯罪活动。教育公众和企业尊重知识产权，自觉守法，引导被侵权企业积极参与司法，提升维权意识。同时，相关企业可以探索建立知识产权司法“智库”，聘请知识产权领域的专家学者和一线办案人员担任咨询顾问，及时解决企业遇到的专业性、法律性问题，不断提高企业知识产权保护的内控水平。

涉土地非诉行政执行检察监督调查报告

江苏省徐州经济技术开发区人民检察院课题组*

近年来，尤其2017年至2018年，我国各个领域建设用地需求量急剧增长，用地需求的井喷式膨胀与严格的控制性耕地红线保护之间形成了巨大利益冲突。[①] 行政管理的强制力不足，涉土地行政处罚决定的执行疲软，致使违法占地行为猖獗，土地资源保护形势极其严峻，大量耕地长期处于被侵害状态。

非诉行政执行检察监督作为检察机关执行监督范畴中的一个子概念，是行政检察监督的重要组成部分，具有督促行政机关履职、提高法院执行效率的双重作用。2016年以来，全国检察机关"基层民事行政检察工作推进年"[②]将非诉行政执行检察监督工作放在了前所未有的重要位置。本文以徐州市J区涉土地非诉行政执行案件执行及办理情况为例，通过调研所得数据进行系统分析，查摆当前涉土地非诉行政执行案件中存在的问题，继而探索出具有实践参考意义的可行性建议。

一、徐州J区[③]涉土地非诉行政执行案件情况

（一）违法用地的具体表现形式

应当看到，经济迅猛发展的同时，伴随着大量违法占地行为，土地这块"唐僧肉"正在

---

* 课题负责人：江苏省徐州经济技术开发区人民检察院党组书记、检察长沈淬，西北政法大学法律科学信息研究所所长付玉明；课题组成员：江苏省徐州经济技术开发区人民检察院检察委员会委员、第四检察部副主任张晨，江苏省徐州经济技术开发区人民检察院检察官助理戚翔。本文为最高人民检察院检察理论研究课题"涉土地行政非诉执行检察监督研究"（课题编号：GJ2019D40）部分成果。

① 2017年至2018年，全国各地房地产行业火热，房地产交易价格连续数十月上涨，土地出让节奏持续加快，土地成交价不断攀升，用地需求急剧增长。

② 2016年4月以来，最高人民检察院民事行政检察厅下发高检民〔2016〕7号、高检民传〔2017〕3号、高检民〔2017〕12号等通知，部署开展为期一年半的全国检察机关"基层民事行政检察工作推进年"专项活动。

③ 徐州市J区经济社会发展简介：常住人口30余万人，总面积293.6平方公里，全区现有各类企业3000余家，徐工集团、协鑫集团等商业巨头屹立，盒子科技、点盈网络等新兴网络科技公司接连落户，宜家、迪卡侬、麦德龙等国际大型零售商聚集于此，发展速度极快。

被严重侵蚀。通过走访国土部门、调阅相关土地执法卷宗发现，该区违法占用土地现象主要存在以下几种表现形式：

一是无用地审批手续，直接侵占土地使用。此类情况主要为农村集体组织或个人占用土地进行村集体企业厂房建设、小产权房建设、养殖区建设等。因所占土地不在城乡建设用地总体规划范围内，故无法通过申请获得合法用地权限。

二是有用地审批手续，但超出审批范围使用。此类情况多为辖区内相关企业的违法用地行为。部分企业因发展战略调整、生产规模扩大，需要扩充用地面积，但原审批许可范围不足，新用地申请尚未通过。此种情况下，部分企业在可得利益与违法成本之间进行权衡后，趋利选择在审批范围临界处增建厂房或仓库等建筑，与原厂房形成一个整体，其主观上对国土部门的查处抱侥幸心理。

三是审批土地占而不用，长期闲置。由于政府对企业初期用地规模评估不准或企业中后期投资规划调整等各种原因，部分企业所占土地超出实际需要面积，造成部分土地常年处于荒废状态，为了实现利益最大化，此类企业往往既不主动向土地管理部门申报减持土地量，而且在国土部门排查土地利用情况时又极力隐瞒土地闲置事实。

（二）徐州 J 区人民法院非诉行政执行案件办理情况

通过调阅法院执行卷宗、实地走访调研、询问案件承办人等方式，对 2013 年以来该区法院受理的涉土地非诉行政执行案件进行了细致梳理，现将案件具体情况分述如下：

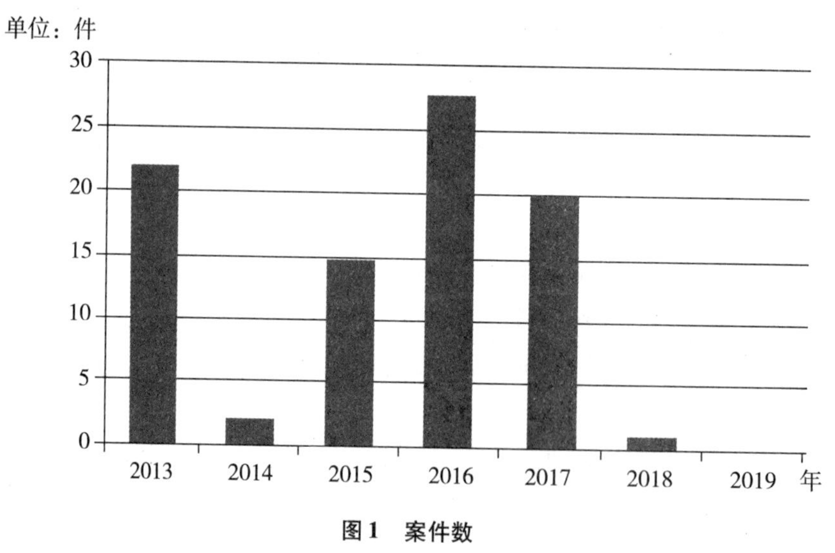

图 1　案件数

1. 案件基本情况（如图 1 所示）

2013 年至 2019 年，徐州 J 区人民法院共受理涉土地非诉行政执行案件 88 件，分别为 2013 年受理 22 件，2014 年受理 2 件，2015 年受理 15 件，2016 年受理 28 件，2017 年受理 20 件，2018 年 1 件，2019 年 0 件。涉及被侵占土地 20000 余平方米，涉及金额高达 800 余万元。

2. 案件办理结果

表1 2018～2019年受理的88件涉土地非诉行政执行案件

案件名称	办理结果
2013年徐州市国土局申请徐工、徐挖等公司22件	回函不予执行
2014年徐州市国土局申请东贺、上山村委会2件	回函不予执行
2015年徐州市国土局申请胡兆楼等人14件	裁定准予撤回
2015年徐州市国土局申请东升米业1件	裁定准予执行
2016年徐州市国土局再次申请胡兆楼等人14件	回函不予执行
2016年徐州市国土局申请薛心思等人14件	退回补正材料
2017年徐州市国土局申请徐州隆和木业等20件	尚未结案
2018年徐州市国土局申请上海绿地建筑公司1件	裁定准予执行,未移送执行

通过表1不难看出,2013年至2019年间,受理的88件涉土地非诉行政执行案件中仅有2件经审查后裁定准予执行,其余案件大都以回函、裁撤等理由被拒在实际执行程序之外,退回补正材料的14件案件,行政机关未再次申请。其中,法院行政庭裁定准予执行的徐州市国土局申请执行徐州东升米业厂案,因被申请人存在重大信访隐患等原因并未实际执结,法院行政庭裁定准予执行的徐州市国土局申请执行上海绿地建筑工程有限公司案,未依职权转立案庭立执行案件,执行局未收到准予执行裁定亦未实际执行。

(三)检察机关对上述案件的检察监督情况及结果

1. 检察监督情况

针对上述非诉行政执行案件,J区检察院分类发出6份执行检察建议。其一,针对被执行主体系村委会、居委会和企业的非诉行政执行案件,2016年发出类案检察建议各一份,建议法院依法以"执行裁定"的形式作出处理,避免以"回函"等不合法形式替代答复;不得要求行政机关提供非法定材料;不得以社会风险高等非法定理由拒绝或变相拒绝执行;加大对符合执行条件行政处罚决定的执行力度。2018年再次向法院发出跟进执行监督检察建议各一份。其二,针对徐州市国土局申请执行徐州东升米业厂裁定准予执行一案,2016年发出个案检察建议,建议加大执行力度,实现执行到位。其三,针对徐州市国土局申请执行上海绿地建筑工程有限公司准予执行一案,2019年、2020年分别发出检察建议,建议法院做好内部衔接配合工作,尽快由立案庭转执行局实际执行。

2. 监督结果

一是回复时间过长。以上检察建议均要求法院1个月内给予书面回复。然而,2016年所发的3份检察建议,超过规定期限后经检察机关多次催促,法院于规定期限届满后6个月方给予书面回函。

二是回函结果为未采纳。针对 2 份类案检察建议，回函内容仍以涉土地非诉行政执行涉及经济健康运行、社会稳定等理由拒绝执行，案件未实际进入执行程序，经跟进监督后仍未予改变；针对徐州东升米业厂个案检察建议，回函内容为执行存在困难，暂时无法执结。针对上海绿地建筑工程有限公司个案检察建议，回函内容为应由申请机关持准予执行裁定书重新向法院立案庭提交申请执行书，经跟进监督，最终该个案的行政罚款实际执行到位，但法院仍以被执行人已自动履行无须执行为由回复 J 区检察院。

二、涉土地非诉行政执行监督检察面临的困境

（一）涉土地非诉行政执行案件本身执行难度大，检察监督抓手不硬

从案件特点看，很多涉土地非诉行政执行案件法律关系复杂，审查难度大，牵涉面广，社会影响大，并非一般执行案件所能比拟。例如，针对招商引资进驻的涉事企业，如果不加区分地盲目执行，必将给 J 区的整体发展进度、后续招商的顺利开展带来负面影响。同时，非诉行政执行案件不同于一般执行案件，它往往涉及建筑物、构筑物形态的破坏、变更乃至消灭，需要大量专业技术设备和众多高素质、有经验的执行人员，司法资源占用量大，执行技术标准要求高，实际操作中难度极大。

诚然，作为法律监督机关，法律效果是检察监督首要和直接追求的价值目标。然而，良好的政治效果和社会效果是检察监督更深层次的价值反映，它们能够从侧面对法律效果的好坏、真伪作出客观的、具有根本性的评价。[①] 涉土地非诉行政执行案件的特殊属性，决定了它强烈的政治、社会性色彩，给检察监督带来挑战，非诉行政执行检察监督手段遭受质疑。

（二）行政督促履职监督与非诉行政执行监督脱节，单一的检察监督手段孤立难行

从国土部门角度看，行政管理中存在的怠于履行职责行为，会造成后续法院非诉行政执行的难度倍增。举一个简单的例子，国土部门在查处违法用地时，没有第一时间按照规定制止继续抢建，而仅是按程序申报违法，要求上级裁定，使违章搭盖的建设仍旧招摇过市、继续进行。待案件移送到法院要求执行拆除时，违章建筑往往已经建成，执行工作举步维艰。再如，运用司法救济手段经验不足，法律专业化程度低，造成非诉行政执行极易“短路”。从法院调取的卷宗内容来看，催告程序启动过早、缺少机关负责人签字、未到法定执行期限即申请执行等缺陷普遍存在，强制执行程序不能正常启动，致使大量违法占地行为长期处于无管束状态。另外，国土部门文书制作技术有待提高。国土部门作出的行政处罚决定书一般会陈述为：“责令退还非法占用的土地”“交出在非法占地上新建的建筑物及附属设施”，这虽然是依照法律条文作出的处罚，但实施起来却不具有可操作性，对于“交出”“没收”的概念无法准确把握，也无法细化对应接受“交出”“没收”的具

① 参见最高人民检察院重点课题组：《主任检察官制度研究》，载《中国法学》2015 年第 1 期。

体部门,行政处罚决定书因缺乏明确、细化的规定而不具有可操作性。

为此,执法过程中的检察监督在土地管理中的运用十分必要,它能够将违法行为限制在可控范围之内,为非诉执行检察监督的良好效果打牢基础。现实中,非诉行政执行检察监督存在滞后性,未能实现与行政履职检察监督的相互衔接,造成执行监督时很多案件已难以执行,监督效果较差。

(三)非诉行政执行监督方式机制不健全,司法运用不统一,监督力度不强

一是非诉行政执行监督缺乏实施细则等规范性文件。非诉行政执行检察监督在修改后的行政诉讼法中的规定较为原则,缺乏受案范围、监督方式、监督手段等具体性规定,使各地开展的检察监督不规范、不统一。有观点认为,人民检察院可以向法院提起抗诉、发出纠正违法通知书、检察建议等方式实行执行监督。[①] 此外,对非诉行政执行过程中行政机关违法行为的监督也缺乏法律依据。虽然《中共中央关于全面推进依法治国若干重大问题的决定》中规定了检察机关有权对行政行为进行检察监督,但由于非诉行政执行制度本身法律规定过于原则,给检察监督带来了一定的难度。

二是检察监督刚性不足,震慑力明显不强。以非诉行政执行监督检察建议为例,因无法律上的强制手段,法院往往以案多人少矛盾尚未缓解、土地强制执行带来社会风险、执行成本过高等理由予以答复,数月后回复甚至不予回复情况时有存在。

三是检察监督范围不明晰,司法实践不统一。非诉行政执行案件作为执行案件的一个类别,具备执行案件的所有共性特征。然而,执行体系涉及案件受理、审查、办理、结案等多个方面,是全盘监督抑或部分监督,哪些方面需要监督、哪些方面不需要监督,都处于模糊状态,造成过度监督和选择性监督问题凸显。

三、涉土地非诉行政执行检察监督摆脱困境的配套手段

(一)破解非诉行政执行难题,盘活检察监督抓手

涉土地非诉行政执行案件涉及面广,工作难度大,仅靠法院一家之力与众多占地主体之间博弈是远远不够的,需要建立一个健全的一体化治理体系,汇集多方合力共同推进。在法律层面上的非诉行政执行检察监督启动之前,检察机关必须做好、做实这些前置性工作,方可厚积薄发,真正取得监督实效。

其一,打通国土部门执法壁垒,深入内部做好法律指导。例如,在法律专业方面,要加强对国土部门的法律指导,对立案材料的准备、申请执行期限、催告程序作出时间以及行政处罚决定审查等问题进行精细化指引,确保非诉执行案件能够及时立案,防止因不必要的程序性失误造成执行延误。又如,执行过程中,引导国土部门利用亲历性优势,自觉牵头,主动沟通,详细向法院介绍案件的具体情况,提出执行具体方案建议供法院参

---

① 参见赵钢、王杏飞:《民事执行检察监督的程序设计》,载《检察日报》2007 年 5 月 22 日。

考,尽可能为法院执行提供有价值的线索,杜绝"材料一交,完成任务"的形式主义做法。

其二,理顺案件执行与党政机关大局之间的关系。由于部分违占土地的主体系国有公司和招商引资企业,对当地经济贡献率及就业率具有极其重大影响,此类案件的顺利执行,离不开党委、政府的理解、沟通和支持。检察机关要协同法院,以此为突破口,主动向当地党委汇报,争取支持,形成执行中重大事项反馈机制,为人民法院的非诉行政执行工作创造良好的外部环境。[①]

(二)衔接好执法中督促履职与非诉行政执行监督,实现全程监督不脱节

所谓执法中的督促履职监督,是指检察机关通过检察建议等形式对行政机关违法履职行为或怠于履行监管职责的不作为进行监督,督促行政机关依法履行职责,以期违法行为及时有效得以纠正。非诉行政执行检察监督之所以要与督促履职监督相衔接,主要取决于"源头性治理"在土地违法行为中所起的决定性作用。实践中,违法占用土地的行为一旦形成,治理难度极大,即便能够挽回,也会耗费大量司法、行政资源,治理成本过高。因而,检察机关要及时启动督促履职监督程序,适时敦促国土部门充分履行监管职责。例如,督促国土部门对违法占用土地行为依法及时作出行政处罚,对已经责令停建项目进行严密巡查,阻止已停项目"死灰复燃",防止违建成形;对"屡教不改""冥顽不化"的违规占地主体,涉嫌刑事犯罪的及时移送有关机关立案侦查,杜绝选择性执法现象。

在督促履职先行的基础上,与非诉行政执行检察监督相衔接,减轻介入法院执行活动进行监督的难度,又对案件具体情况有了预先细致深入的了解,进而制发有针对性的检察建议,督促法院依法执行,检察监督更能取得实效。

需要说明的是,对于行政机关怠于履职的监督,要坚持有限监督原则,即检察权不干涉行政权,不代为履行,保持合理界限。[②] 同时秉持超然性立场,不为其他利益诉求,不过度使用调查核实权。

四、涉土地非诉行政执行检察监督的顶层制度设计

(一)统一非诉行政执行检察监督方式

笔者认为,统一监督方式,是涉土地非诉行政执行检察监督需要解决的基础性问题。必须要彻底终结司法实践中"纠正违法通知书""检察建议书""函""抗诉书"等文书混用、滥用状况,统一选择"检察建议"这一方式进行监督。究其原因,非诉行政执行案件归根结底是法院行使审判权的表现形式之一,在以审判为中心的诉讼制度改革大背景下,检察监督要保持适当的谦抑性、审慎性。检察建议本身带有强烈的监督特点,同时又以

---

① 参见齐奇:《提高司法建议质量服务社会科学发展》,载《人民司法》2012 年第 19 期。

② 参见姚来燕:《关于行政执法检察监督的立法设想》,载《东方法学》2013 年第 1 期。

“建议”的形式出现,使用此种方式进行监督,既体现了检察权对审判权的适度谦抑,又不失检察权法律监督之立场,恰到好处。

(二)赋予非诉行政执行检察建议适当强制力

2017 年 1 月 1 日,最高人民法院、最高人民检察院联合出台《关于民事执行活动法律监督若干问题的规定》(以下简称《规定》),对民事执行监督检察建议的回复制度进行了明确,赋予了民事执行检察建议一定的强制力。[①] 在行政执行案件方面,《规定》明确了人民检察院对人民法院的行政执行活动实施法律监督,行政诉讼法及有关司法解释没有规定的,参照该规定。然而,《规定》主要针对的依然是民事执行监督工作,虽然民事、行政执行监督两者存在较多共性之处,但作为行政执行监督范畴的非诉行政执行监督本身具有很大的特殊性,案件办理各方面阻力更大,因而检察建议所需的强制力也更多。因此,建议在《行政强制法》第五章[②]中确立检察机关对人民法院非诉行政执行检察监督制度,从法律层面确立检察建议回复采纳制度。在规定受案法院更加严格的回复处理期限、赋予上级检察机关建议权的基础上,同时规定受案法院及个人拒不履行或变相不履行检察建议的一定后果。在检察建议的送达上,一般由检察官当面送达,必要时由分管检察长带员送达,送达的检察建议书一般应附支持检察建议的主要证据复印件。持续深化对检察建议落实效果的跟踪回访。收到人民法院书面回复的,要针对回复内容进一步调查整改情况,及时跟踪监督。

(三)明确非诉行政执行检察监督的范围

建议从法律或司法解释的位阶层面,制定专门的非诉行政执行检察监督规定,明确、细化检察监督范围。以下情形可纳入检察监督的范畴:

其一,在案件受理方面,主要是人民法院对符合非诉行政执行受案条件的案件不予受理或对不符合条件的案件予以受理的。

其二,在非诉行政行为的审查方面,对明显违反法定程序、缺乏事实和法律依据的具体行政行为裁定准予执行;作出不予受理裁定违法的;超过规定期限没有对非诉行政执行案件作出裁定的。

其三,在合法性审查、具体执行内部衔接方面,裁定准予执行后未依职权移送立案庭立执行案号的;立案庭接到准予执行裁定后,未立案转交执行部门执行的。

其四,在具体执行方面,怠于履行执行职责,在法定期限未采取有效执行措施的;对执行行为及执行标的提出书面异议,未在规定期限内审查处理的;执行对象、范围、数额

---

① 《关于民事执行活动法律监督若干问题的规定》第十四条规定:人民法院收到检察建议后逾期未回复或处理结果不当的,提出检察建议的人民检察院可以依职权提请上一级人民检察院向其同级人民法院提出检察建议。上一级人民检察院认为应当跟进监督的,应当向其同级人民法院提出检察建议。人民法院应当在三个月内提出审查处理意见并以回复意见函的形式回复人民检察院,认为人民检察院的意见正确的,应当监督下级人民法院纠正。

② 《行政强制法》第五章“申请人民法院强制执行”。

错误的;违法采取查封、冻结等强制措施的;原生效裁判文书已通过合法程序停止执行,仍继续执行原裁判决定的;裁定中止执行、终结执行错误的等。

(四)探索建立公益诉讼适时引入机制

针对经检察监督后,行政机关仍不适当履行监管职责或人民法院穷尽执行手段后仍不能执行到位的案件,建立公益诉讼评估机制。经评估,对严重损害国家利益、社会公共利益需要予以规制的行为,引入公益诉讼程序,合理运用行政公益诉讼、民事公益诉讼手段,增加违法成本,督促行政机关履职,有效解决非诉行政执行案件监督难的顽疾。

检察实务

破坏野生动物资源犯罪法律适用的检视与完善

刘合臻*

摘要:我国《刑法》规定了破坏野生动物资源犯罪的5个罪名,司法实践中仍存在如滥食行为缺少刑法规制、犯罪数量认定标准失衡、上下游犯罪刑罚不协调等问题。有必要加强对野生动物资源的刑事司法保护,将滥食野生动物的行为纳入刑法打击范围,对破坏野生动物资源犯罪在数量基础上兼采比例标准进行定罪,增设非法捕捞水产品罪的行为犯,协调上下游犯罪刑罚体系。

关键词:野生动物资源犯罪　情节严重　法律适用　刑法保护

保护野生动物是生态文明建设的题中应有之义,也是美丽中国宏伟蓝图的重要内容,既关系环境资源的可持续发展,又与公共卫生安全相关联。当前和今后一个时期,全面检视我国破坏野生动物资源犯罪法律适用中存在的问题,不断完善野生动物刑法保护体系,对于革除滥捕滥杀滥食野生动物陋习,降低相关传染病疫情风险隐患,维护人民群众生命健康安全,具有重要的现实意义。

一、破坏野生动物资源犯罪罪名概览

我国《刑法》中破坏野生动物资源犯罪的罪名有5个(详见表1),其中除走私珍贵动物、珍贵动物制品罪置于刑法分则第三章"破坏社会主义市场经济秩序罪"中,其他4个罪名均置于《刑法》分则第六章"妨害社会管理秩序罪"中。这类罪名的犯罪主体既可以

* 刘合臻,江苏省海安市人民检察院检察官助理。

是自然人也可以是单位，主观方面都要求是故意犯罪。为规范本类犯罪的司法认定，2000 年最高人民法院印发《关于审理破坏野生动物资源刑事案件具体应用法律若干问题的解释》（以下简称《野生动物解释》）、2014 年最高人民法院、最高人民检察院联合发布的《关于办理走私刑事案件适用法律若干问题的解释》（以下简称《走私解释》）、2016 年最高人民法院印发《关于审理发生在我国管辖海域相关案件若干问题的规定（二）》，分别对本类犯罪的定罪与量刑予以明确，对不同种类的野生动物确定了“情节严重”“情节特别严重”的数量认定标准。

表 1 破坏野生动物资源犯罪刑罚标准

罪名	犯罪对象	追诉标准	法定刑
非法猎捕、杀害珍贵、濒危野生动物罪（刑法第三百四十一条第一款）	国家重点保护的珍贵、濒危野生动物	（1）达到《走私解释》附表所列相应数量标准的； （2）非法猎捕、杀害、收购、运输、出售不同种类的珍贵、濒危野生动物，其中两种以上分别达到《走私解释》附表所列“情节严重”数量标准一半以上的。	犯本罪，处 5 年以下有期徒刑或者拘役，并处罚金；情节严重的，处五年以上十年以下有期徒刑，并处罚金；情节特别严重的，处十年以上有期徒刑，并处罚金或者没收财产。
非法收购、运输、出售珍贵、濒危野生动物、珍贵、濒危野生动物制品罪（刑法第三百四十一条第一款）	珍贵、濒危野生动物及其制品	本罪犯罪对象为野生动物时，追诉的数量标准同上。本罪犯罪对象为野生动物制品时，追诉标准为： （1）价值在十万元以上的； （2）非法获利五万元以上的； （3）具有其他严重情节的。	同上
非法狩猎罪（刑法第三百四十一条第二款）	非珍贵、非濒危陆生野生动物	（1）非法狩猎陆生野生动物二十只以上的； （2）在禁猎区或者禁猎期使用禁用的工具、方法进行狩猎的； （3）具有其他严重破坏野生动物资源情节的。	犯本罪，情节严重的，处三年以下有期徒刑、拘役、管制或者罚金。
非法捕捞水产品罪（刑法第三百四十条）	非珍贵、非濒危水生野生动物及其他水产品	《最高人民检察院、公安部关于公安机关管辖的刑事案件立案追诉标准的规定（一）》第六十三条。 《最高人民法院关于审理发生在我国管辖海域相关案件若干问题的规定（二）》中规定的“非法捕捞水产品一万公斤以上或者价值十万元以上”。	同上

续表

罪名	犯罪对象	追诉标准	法定刑
走私珍贵动物、珍贵动物制品罪（刑法第一百五十一条第二款）	珍贵动物（包括但不限于野生动物）及其制品	（1）走私国家一、二级保护动物达到《走私解释》附表中（一）规定的数量标准的； （2）走私珍贵动物制品数额在二十万元以上的； （3）走私国家一、二级保护动物未达到《走私解释》附表中（一）规定的数量标准，但具有造成该珍贵动物死亡或者无法追回等情节的。 不以牟利为目的，为留作纪念而走私珍贵动物制品进境，数额不满十万元的，可以免予刑事处罚；情节显著轻微的，不作为犯罪处理。	犯本罪，处5年以上10年以下有期徒刑，并处罚金；情节特别严重的，处10年以上有期徒刑或者无期徒刑，并处没收财产；情节较轻的，处5年以下有期徒刑，并处罚金。

二、破坏野生动物资源犯罪法律适用中的问题检视

（一）缺乏对滥食野生动物行为的刑法规制

食用未经检疫的野生动物对公共卫生安全构成重大隐患，且往往成为猎捕、杀害、非法收购、走私行为的利益驱动和目的所在。由于滥食野生动物的行为既不属于猎捕、杀害行为，又不属于非法收购、运输、出售、走私行为，因而公安机关、司法机关不作刑罚处罚。此外，滥食野生动物的行为可能导致传染病，但其并不在《刑法》第三百三十条妨害传染病防治罪的四种具体情形之中。“两高两部”于2020年2月6日印发《关于依法惩治妨害新型冠状病毒感染肺炎疫情防控违法犯罪的意见》中规定，“知道或应当知道是国家重点保护的珍贵、濒危野生动物及其制品，为食用或者其他目的而非法购买，符合刑法第三百四十一条第一款规定的，以非法收购珍贵、濒危野生动物、珍贵、濒危野生动物制品罪定罪处罚。”然而，该规定仅重申了刑法条款，并未在打击范围上实现新的突破。具体而言，未明确将“三有”[①]野生动物等普通野生动物纳入禁食范围，未明确对非基于收购所得情况下（如接受他人赠与或宴请）的食用野生动物行为进行处罚，《刑法》仍存在打击的空白和盲区。

（二）野生动物数量认定标准失衡

因受法律保护的野生动物不可流通，故《刑法》规定仅根据数量标准及其他犯罪情节进行定罪量刑，但不够科学，亟待改进。从表1可以看出，非法猎捕、杀害、收购、运输、出售珍贵、濒危野生动物犯罪案件采用两种数量标准。实践运用中可能存在缺陷，即同时涉及数种野生动物但没有任何两种数量达到“情节严重”数量标准一半以上，全案就不属

① “三有”，是指有益的或者有重要经济、科学研究价值的。出自《野生动物保护法》的规定。

于“情节严重”。[①] 例如,穿山甲、猕猴、豺、黑熊 4 种国家二级保护动物,“情节严重”的数量标准分别为 8 只、6 只、4 只、3 只。如果行为人非法猎捕豺 2 只、黑熊 2 只,属于“情节严重”。但是,如果行为人非法猎捕上述四种动物分别为 3 只、2 只、2 只、1 只,虽然总数上较前者多了 4 只,但不能认定为“情节严重”,不构成犯罪,这显然是不合理的。

(三)非法捕捞水产品罪适用范围偏窄

据统计,我国共有水生生物 2 万多种,我国分布的 4000 余种脊椎动物中有超过 70% 为水生野生动物。[②] 然而,现实中水生野生动物得到的刑事司法保护力度与其地位和数量却并不相称。该罪名自设立以来曾长期处于休眠状态,司法实践中追究刑事责任的案例也极为少见,几乎成为“僵尸条款”。[③] 究其原因,一是由于非法捕捞水产品罪属于行政犯,而我国关于水产管理的法律法规中并没有关于“水产品”的定义表述,对于水生野生动物的具体内涵与外延并不明确;二是对哪些情形属于“情节严重”缺乏明确规定,导致入罪标准模糊。根据《最高人民检察院、公安部关于公安机关管辖的刑事案件立案追诉标准的规定(一)》的规定,如果是在内陆水域,使用禁用工具或方法非法捕捞水产品 500 公斤以上或者价值 5000 元以上才能立案,追诉门槛较高。对发生在众多支流水系的非法捕捞行为如炸鱼、电鱼、毒鱼等,虽造成了水域微生物破坏、影响鱼群繁衍生息等难以修复的灾难性后果,但往往由于案值达不到追诉标准,无法追究刑事责任。上述种种因素,导致实践中非法捕捞水产品罪适用范围偏窄,适用率较低,在一定程度上影响了对该类行为的打击力度。

(四)上下游犯罪刑罚缺乏逻辑自洽导致轻重失调

破坏野生动物资源犯罪的源头在于非法猎捕、杀害、收购、运输、出售行为,走私行为一般仅是后续行为。根据《刑法》的规定,实施前者行为,情节严重的,最高刑可处十年以上有期徒刑;走私珍贵动物、珍贵动物制品情节严重的,最高可处无期徒刑。此二者法定刑相差甚远,故有轻罪重罚之嫌。非法狩猎共同犯罪中,因犯罪分工不同,其中运输野生动物者也可构成非法狩猎罪。根据《刑法》规定,非法狩猎陆生野生动物 20 只以上最高只能处三年以下有期徒刑。对于事先无预谋,事后明知是非法猎捕所得而参与运输的,则构成掩饰、隐瞒犯罪所得罪。根据 2015 年最高人民法院印发的《关于审理掩饰、隐瞒犯罪所得、犯罪所得收益刑事案件适用法律若干问题的解释》,收购非法狩猎的野生动物达到 50 只以上的,可以构成掩饰、隐瞒犯罪所得罪,情节严重的处 3 年以上 7 年以下有期徒刑。现实中,非法狩猎案件所涉及的野生动物往往数以百计,如此一来就产生一种怪象,即对有预谋的参与非法狩猎行为的刑事处罚力度,反而可能会低于无预谋的掩饰、隐

---

① 参见彭文华:《破坏野生动物资源犯罪疑难问题研究》,载《法商研究》2015 年第 3 期。

② 参见农业农村部渔业渔政管理局:《中国水生野生动物保护历程及展望》,载 http://m.shuichan.cc/news—view-392191.html,最后访问日期:2020 年 3 月 17 日。

③ 参见毕敏:《非法捕捞水产品犯罪情况调查》,载《人民检察》2018 年第 2 期。

瞒犯罪所得行为，故有重罪轻罚之嫌。[①]

三、破坏野生动物资源犯罪法律适用的完善路径

(一)将滥食野生动物的行为纳入刑法规制范围，增设相关罪名

基于刑法的谦抑性，消费链末端单纯的滥食野生动物行为并未成为我国《刑法》打击的对象，对此无任何罪名可以适用。2020 年 2 月 24 日，第十三届全国人民代表大会常务委员会第十六次会议通过了《关于全面禁止非法野生动物交易、革除滥食野生动物陋习、切实保障人民群众生命健康安全的决定》。在当前维护公共卫生安全的现实法治需要中，应当辩证看待刑法谦抑性与进取性的关系，在仅靠没收、处罚等行政措施难以规制、无法有效保护相应法益时，需要刑法介入相关领域，在控制社会风险、维护社会安定上有所担当。[②] 考虑滥食野生动物行为的社会危害性与治理难度，建议参照“醉驾入刑”的做法，对于明知是珍贵、濒危、“三有”野生动物而食用的行为，予以刑罚处罚。具体而言，建议在《刑法》中增设“食用珍贵、濒危、‘三有’野生动物罪”“引诱、教唆、帮助他人食用珍贵、濒危、‘三有’野生动物罪”，以严密刑事法网，形成强大震慑。

(二)数量标准兼采比例标准，确保罪责刑相适应

从司法实践看，多数情形下涉案野生动物的种类繁多，如果仅仅依据野生动物的绝对数量进行定罪量刑，容易导致法律适用在实质上的不公，因此需要调整完善既有标准，增强定罪量刑的科学性。对此，可以参照 2009 年最高人民法院印发的《关于审理若干新型毒品案件定罪量刑的指导意见》中关于毒品数量折算的方法，在考虑绝对数量标准的基础上兼采按比例折算的标准，只要达到其中一个标准即可构罪。具体而言，在涉案野生动物的绝对数量未达到“情节严重”标准时，应当继续采取比例标准进行二次测算，即以涉案的各种野生动物的实际数量除以其“情节严重”的数量标准，将所得出的比值相加大于 1，那么应认定为“情节严重”，从而升格法定刑。以前文所述为例，非法猎捕穿山甲、猕猴、豺、黑熊“情节严重”的数量标准分别为 8 只、6 只、4 只、3 只，如行为人非法猎捕上述四种动物分别为 3 只、2 只、2 只、1 只，与“情节严重”数量标准之比值分别为 3/8、1/3、1/2、1/3，全部相加为 37/24，该数字大于 1，因此应当认定为“情节严重”。该认定标准既综合考虑了破坏野生动物资源犯罪的社会危害程度，又避免了刑事处罚上的缺漏与不公，有利于实现罪责刑相适应。

(三)增设非法捕捞水产品罪的行为犯，将法益保护前置化

法益保护主义认为，《刑法》的任务就是保障法益，不仅保护已经受到侵害的法益，而且保护处在危险中的法益。法益保护前置化意味着刑法对危害的防治从事后走向事前，

① 参见张立：《非法捕捞水产品案件办理难点及应对》，载《人民检察》2018 年第 10 期。

② 参见邓勇、魏荣宇：《转型社会视野下刑法谦抑性与进取性的辩证关系》，载《法制与经济》2014 年第 1 期。

提早刑法的介入时间。[①] 如《刑法修正案(九)》设立了准备实施恐怖活动罪,将原本恐怖活动的预备行为转化为实行行为。针对实践中非法捕捞水产品犯罪成本较低、追诉门槛较高、适用范围较窄的问题,可以通过修改犯罪构成要件,将结果犯变为行为犯,从而将传统的罪后矫正转变为事前预防。因此,建议在非法捕捞水产品罪的构罪情形中增加一项,即"明知某水域长期有珍贵、濒危水生野生动物活动,但为了捕捞普通水产品,仍然进行电鱼、毒鱼、炸鱼等破坏性活动,可能杀害珍贵、濒危水生野生动物的"。该情形不受禁渔区、禁渔期的限制,在此情形下,行为人主观上的放任构成了间接故意,如果没有造成珍贵、濒危水生野生动物死亡的结果,就以非法捕捞水产品罪定罪,如果造成死亡结果,则构成非法猎捕、杀害珍贵、濒危野生动物罪。如此一来,在非法捕捞水产品罪的犯罪认定上,公诉机关只需要证明行为人实施了构成要件的行为,即可认定犯罪既遂,使定罪处罚更加便宜,有利于实现对非法捕捞水产品犯罪的强力打击。[②]

(四)协调平衡上下游犯罪刑罚体系,注重运用非刑罚措施

根据《刑法》规定,非法狩猎罪和非法捕捞水产品罪最高均只能处3年以下有期徒刑,这与其下游犯罪尤其是掩饰、隐瞒犯罪所得罪的量刑幅度不相适应。考虑掩饰、隐瞒犯罪所得罪作为加入犯,[③]入罪门槛本已高于上游犯罪,刑罚适用上更应注意与上游犯罪的协调。建议升格法定刑,对非法狩猎罪和非法捕捞水产品的,增加一档即"'情节特别严重'的,处三年至七年有期徒刑,并处罚金",并对"情节特别严重"的具体情形加以明确。此外,还可以考虑大幅提高罚金数额,发挥财产刑的犯罪预防作用,增加恢复性非刑罚措施如责令犯罪分子以劳役代偿、进行增殖放养、建造人工鱼礁等,以达标本兼治之功效。如此既可以完善刑罚结构,又可以为野生动物资源的生态修复提供资金保障,充分发挥财产刑惩治贪利性犯罪的功效。此外,在破坏野生动物资源犯罪行为人不能到案的情况下,相关的掩饰、隐瞒犯罪所得罪案件的证据经常会出现问题。因此,司法实践中对此类上下游犯罪案件尽可能要并案处理、同步审查,以确保案件公正办理。[④]

---

① 参见陈璐:《论刑法谦抑主义的消减》,载《法学杂志》2018年第9期。

② 参见何荣功:《行为犯原理的阐释与反思》,载《刑法解释》2018年第1期。

③ 参见陆建红、杨华、曹东方:《〈关于审理掩饰、隐瞒犯罪所得、犯罪所得收益刑事案件适用法律若干问题的解释〉的理解与适用》,载《人民司法》2015年第17期。

④ 参见史卫忠、李莹:《掩饰、隐瞒犯罪所得、犯罪所得收益罪司法认定疑难问题探讨》,载《人民检察》2014年第6期。

涉疫情防控志愿者犯罪的认定

——以妨害公务罪为视角

高旭明　王聚涛*

摘要：在突发公共卫生事件中，疫情防疫工作虽然是政府等部门的职责，但在一般情况下，志愿者以及村委会、居委会人员是在应急指挥机构统一指挥、协调下进行志愿服务。所谓的自愿只是区别于雇佣、征召而已，与其从事的工作性质无关，均应认定为依法从事公务行为。因此，志愿者等非疫情防控职能人员可以成为妨害公务罪的行为对象。易言之，实践中对于采用暴力等手段阻碍志愿者开展疫情防控工作的犯罪行为不以妨害公务罪定性的做法是值得讨论的。

关键词：疫情防控　志愿者　妨害公务罪　犯罪对象

自新冠肺炎疫情爆发以来，各地陆续发生一些因拒不配合检查、劝导、强制隔离等防控要求，采用殴打、辱骂、威胁等手段阻碍疫情防控工作人员开展疫情防控工作的恶性事件。实践中，针对政府等疫情防控职能部门人员实施的犯罪，以妨害公务罪定罪没有争议；[①]但针对志愿者、保安等非疫情防控职能部门的人员实施上述行为，能否认定为妨害公务罪存在不同看法。

一种观点认为，妨害公务罪所针对的是国家机关工作人员依法从事的公务活动，志

---

* 高旭明，江苏省常州市天宁区人民检察院党组书记、检察长；王聚涛，江苏省常州市天宁区人民检察院第二检察部副主任。

① 实践中，这类案例较多。如发生在浙江省瑞安市的被告人黄某妨害公务案：2020 年 2 月 4 日 14 时许，被告人黄某（液化气公司送气工）未携带出入证，驾驶二轮电动车运送煤气罐途经一处防疫卡点时，被街道防疫工作人员李某等人拦停并要求出示出入证及测量体温。被告人黄某不配合，以被故意刁难为由下车殴打李某头部一拳，并在李某报警时用手掐李某的脖子并扯断其脖子上的工作牌，致使李某构成轻微伤。之后，被告人黄某入该村运送煤气，出村时看到出警到场的公安民警，又上前强行扯下李某佩戴的口罩并大声质问。黄某因犯妨害公务罪被判处拘役四个月。

愿者等群体由于不是国家机关工作人员，因此不能成为妨害公务罪的行为对象，但视情况可认定为寻衅滋事罪等犯罪。如凌某寻衅滋事案①、叶某寻衅滋事案②。

另一种观点认为，妨害公务罪的核心在于保障公务行为得以顺利完成，而非保护具有国家机关工作人员身份的人员执行公务行为顺利完成，广大志愿者以及社区工作人员、居委会、村委会成员是在党委政府的统一部署下从事疫情防控工作，具有公务性质，可以成为妨害公务罪的行为对象。③

换言之，涉疫情防控志愿者犯罪的认定其实就是志愿者等群体能否成为妨害公务罪的行为对象的问题。问题的关键是要看该群体能否解释为妨害公务罪意义上的“国家机关工作人员”以及他们配合相关职能部门、基层群众组织等进行的防疫、检疫、强制隔离等疫情防控工作能否认定为“从事公务”。

一、认定妨害公务罪中的“国家机关工作人员”应当坚持“公务论”

根据我国《刑法》第二百七十七条的规定，妨害公务罪是指以暴力、威胁方法阻碍国家机关工作人员执行职务，阻碍全国人民代表大会和地方各级人民代表大会代表依法执行代表职务，阻碍红十字会工作人员依法履行职责，或者阻碍国家安全机关、公安机关依法执行国家安全工作任务，未使用暴力、威胁方法，造成严重后果的行为。因此，该罪的行为对象为国家机关工作人员，即在各级立法机关、行政机关、监察机关、司法机关中从事公务的人员。

长期以来，我国刑法理论与司法实践中对国家工作人员的范围存在身份论与公务论（职责论）的争议。身份论认为，国家工作人员必须具有国家工作人员的资格身份。易言之，对国家工作人员的认定倾向于形式判断，即只有具备某一身份，才能认定为国家工作人员。公务论则认为，是否属于国家工作人员应以其是否从事公务来决定，而不问其是否具有国家工作人员的资格身份，亦即对国家工作人员的认定，坚持实质判断。从相关法律规定和司法实践来看，应当采取公务论，即不管是否有公务员编制等身份，即使是临

---

① 2020 年 1 月 31 日 15 时 30 分许，社区志愿者许某在小区门口根据社区安排开展疫情联防工作期间，访客毛某驾车欲进入该小区。根据该社区疫情防控工作规定，非本小区车辆不得进入小区。许某遂向毛某解释了相关规定并要求毛某予以配合。毛某随即打电话通知住在该小区内的被告人凌某及妻子吴某到场。凌某及吴某到场后对志愿者阻拦外来车辆进入小区的疫情防控规定不满，肆意纠缠、辱骂、推搡许某，同时拒不听从小区保安及其他围观人员劝阻。凌某趁许某不备，将许某摔倒在地并骑坐在许某身上对其实施殴打，致使许某全身多处软组织损伤、腰 5 椎体压缩性骨折。经鉴定，许某伤情构成轻伤二级。后凌某因犯寻衅滋事罪被判处有期徒刑一年零六个月。详见《上海首例殴打防疫志愿者刑事案件远程开庭》，载《检察日报》2020 年 2 月 19 日。

② 2020 年 2 月 4 日晚 8 时，被害人杨某根据村委会安排，在村口疫情防控点开展疫情排查管控，对进入人员进行检测体温、信息登记等。被告人叶某驾车进入社区时，拒不配合登记信息要求，对被害人杨某进行辱骂、殴打，致使杨某头部受轻微伤。叶某因犯寻衅滋事罪被判处有期徒刑八个月。详见（2020）苏 0402 刑初 82 号刑事判决书。

③ 类似观点参见王勇：《两高两部〈疫情防控违法犯罪意见〉三个实务问题》，微信公众号“法律读库”，2020 年 2 月 11 日。

时聘用的抑或合同制的人员，只要其实际从事的是公务活动，就应当认定为国家工作人员。①

我国《刑法》中同时存在国家工作人员与国家机关工作人员的概念。从内涵上看，国家机关工作人员的范围显然窄于国家工作人员，但是否从事公务也是判断是否属于国家机关工作人员的核心要素。

2002年12月28日全国人民代表大会常务委员会印发的《关于〈中华人民共和国刑法〉第九章渎职罪主体适用问题的解释》中规定："在依照法律、法规规定行使国家行政管理职权的组织中从事公务的人员，或者在受国家机关委托代表国家机关行使职权的组织中从事公务的人员，或者虽未列入国家机关人员编制但在国家机关中从事公务的人员，在代表国家机关行使职权时，有渎职行为，构成犯罪的，依照刑法关于渎职罪的规定追究刑事责任。"该解释虽然针对的是渎职罪犯罪主体，但由于渎职罪的犯罪主体为国家机关工作人员，故应当看做对我国刑法中所有犯罪（当然包括妨害公务罪）中涉及"国家机关工作人员"的解释。② 也因如此，镇财政所所长、合同制民警（辅警）等非身份上的国家机关工作人员也能成为渎职犯罪的主体。

对此，2020年2月6日最高人民法院、最高人民检察院、公安部、司法部发布的《关于依法惩治妨害新型冠状病毒感染肺炎疫情防控违法犯罪的意见》（以下简称《意见》）亦予以肯定。该《意见》规定，在依照法律、法规规定行使国家有关疫情防控行政管理职权的组织中从事公务的人员，在受国家机关委托代表国家机关行使疫情防控职权的组织中从事公务的人员，虽未列入国家机关人员编制但在国家机关中从事疫情防控公务的人员也应当视为国家机关工作人员。有观点认为，该《意见》重新确立以是否从事公务活动作为认定国家机关工作人员身份的标准，扩大了执行公务的主体范围，属于重大突破。③

二、志愿者等群体根据安排从事的疫情防控工作应当认定为"公务活动"

（一）疫情防控工作是政府部门的法定职责，各级政府对社会及社区防控工作负主体责任

新冠肺炎疫情属于突发公共卫生事件。各地在开展疫情防控工作及采取相应防控举措时，主要法律依据有《突发事件应对法》《传染病防治法》，以及《突发公共卫生事件应急条例》等。《传染病防治法》第五条、第六条规定，"各级人民政府领导传染病防治工作"，"县级以上人民政府其他部门在各自的职责范围内负责传染病防治工作"。

各地组建的"新型冠状病毒感染的肺炎疫情防控指挥部"系根据《突发事件应对法》

① 参见张明楷：《刑法学》（第五版），法律出版社2016年版，第133页。

② 参见张明楷：《刑法学》（第五版），法律出版社2016年版，第1031页。

③ 王勇：《"两高两部"〈疫情防控违法犯罪意见〉三个实务问题》，载微信公众号"法律读库"，2020年2月11日。

第八条的规定，由县级以上地方各级人民政府设立的“由本级人民政府主要负责人、相关部门负责人、驻当地中国人民解放军和中国人民武装警察部队有关负责人组成的突发事件应急指挥机构，统一领导、协调本级人民政府各有关部门和下级人民政府开展突发事件应对工作”。实践中，上述应急指挥机构主要由政府、卫健部门、交通运输部门、公安机关、通信部门等组成，形成上下一盘棋的工作格局，最大限度地遏制疫情扩散和蔓延。

（二）乡镇以及居民委员会、村民委员会等基层工作人员在政府统一部署、安排或者在应急指挥部的统一调度下开展疫情防控工作

《突发事件应对法》第五十五条规定，“突发事件发生地的居民委员会、村民委员会和其他组织应当按照当地人民政府的决定、命令，进行宣传动员，组织群众开展自救和互救，协助维护社会秩序”。

国务院发布的《突发公共卫生事件应急条例》第四十条规定，“传染病暴发、流行时，街道、乡镇以及居民委员会、村民委员会应当组织力量，团结协作，群防群治，协助卫生行政主管部门和其他有关部门、医疗卫生机构做好疫情信息的收集和报告、人员的分散隔离、公共卫生措施的落实工作，向居民、村民宣传传染病防治的相关知识。”因此，新冠肺炎疫情爆发以来，街道以及居委会、村委会根据当地党委政府的决策部署，组织力量进行“人员的分散隔离、公共卫生措施”，一般而言属于从事公务行为。

（三）志愿者等群体根据统一安排协助有关部门和基层组织开展疫情防控工作时，应认定为依法从事公务行为①

首先，从法律角度言之，志愿者本身并无开展疫情防控工作的职责和权限，但在开展疫情防控工作时，是在人民政府设立的应急指挥机构统一指挥、协调下进行的，具有公务性质。国务院发布的《志愿服务条例》第六条规定，“志愿者，是指以自己的时间、知识、技能、体力等从事志愿服务的自然人”；第二十四条规定，“发生重大自然灾害、事故灾难和公共卫生事件等突发事件，需要迅速开展救助的，有关人民政府应当建立协调机制，提供需求信息，引导志愿服务组织和志愿者及时有序开展志愿服务活动”，“志愿服务组织、志愿者开展应对突发事件的志愿服务活动，应当接受有关人民政府设立的应急指挥机构的统一指挥、协调。”

其次，从实质上言之，志愿者所从事的具体工作与相关职能部门工作人员依照规定实施的履职行为并无本质差别。当志愿者根据有关部门安排，配合疫情防控工作人员开

① 2020 年 2 月 24 日，最高人民检察院涉疫情防控检察业务领导小组召开专题会议。会议指出，妨害公务罪受侵害对象的范围如何把握，要实事求是。为防控疫情需要，由政府部门组织动员的居（村）委会、社区工作人员可以认定为受国家机关委托从事公务的人员。对于防疫人员依职权行使的与防疫、检疫、强制隔离、隔离治疗等措施密切的相关行为，应认定为公务行为。对于由居（村）委会、物业公司等自发组织、采取有关防控疫情措施的人员，在执行防控措施时受到暴力、威胁的，对行为人不能认定为妨害公务罪，可以按照故意伤害罪、寻衅滋事罪、侮辱罪等追究刑事责任。

展人员车辆排查、隔离措施时，其工作本身具有公务性质。也就是说，对开展疫情防控工作而言，不能因为志愿者不具有国家工作人员身份而否定其工作的公务性质。

最后，就实际情况而言，志愿者等群体承担了大量的疫情防控工作。就此次新冠肺炎疫情而言，由于事发突然，从医护人员到医疗物资，从救治前线到社会防控，都面临严峻的考验，各地政府职能部门已经满负荷甚至超负荷运转。在紧急情况下，广大热心群众、党员干部积极响应党委政府的号召，以志愿者身份参与疫情防控阻击战，本身就是为了维护社会秩序、维护广大人民群众的切身利益，公益和公务性质并存。

（四）若志愿者具体所从事的工作不具有公务性质，则针对志愿者所实施的犯罪行为就不评价为妨害公务罪

如前所述，志愿者所提供的是一种公益性服务，其本身并不具有国家机关工作人员身份，更不属于公务活动。其之所以能成为妨害公务罪的行为对象，根本在于接受国家机关委托从事公务活动而被视为国家机关工作人员。因此，如果为疫情防控需要，志愿者在政府部门组织动员之下从事与疫情防控工作密切相关的行为，则应认定为公务。当然实际情况又是比较复杂的，志愿者是否根据疫情防控职能部门安排参与疫情防控工作，要做具体判断。换言之，志愿者即使所从事的是与疫情防控相关的活动，也并不当然一律能评价为公务。是不是公务，还应当看工作本身是否具有裁量性、判断性、决定性等公务的一般特征。如为居民提供心理咨询、物资运送等服务的，属于劳务范畴，则不能评价为公务行为。

三、法条竞合下的处理

妨害公务罪所保护的客观方面或者说法益是国家机关的公务活动秩序。当志愿者等群体根据安排配合防疫专职人员在小区、卡口等地开展出入证发放、人员排查登记、体温测量、复工复产检查等工作时，属于依法从事公务活动。在此期间，如果行为人对志愿者采取殴打、推搡等暴力行为以及以恶害相通告足以使志愿者产生恐惧心理，迫使他们放弃疫情防控行为或者不能正确履行疫情防控行为的，符合妨害公务罪的犯罪构成要件，应以妨害公务罪定罪处罚。

目前，实践中有的案件是以寻衅滋事罪定性的，对此，笔者认为，造成这种局面的原因包括以下几个：一是在于认识上存在分歧，而且这种认识上的分歧存在于公、检、法三家机关之间和内部。若认为志愿者不能成为妨害公务罪的行为对象，则就不会以妨害公务罪定罪处罚。二是在于司法办案人员对该犯罪现象研究不够，理论储备和实践经验均存在不足。此次新冠肺炎疫情本就事发突然，相关案件如何处理基本处于边探索边论证边实践边检验的阶段。对相关争议，需要广大司法人员在更大范围内展开有效讨论，以确保案件质量经得起历史和实践的考验。

本文认为，由于不同犯罪所侵犯的法益不同，在定罪时应坚持既不遗漏评价也不重

复评价的原则,即应当全面评价具体的犯罪行为之社会危害性以及对法益所造成的侵害,否则认定犯罪就是不完整的。从法益侵害角度言之,对志愿者实施暴力行为所侵害的主要法益是国家机关的公务活动秩序,一般应认定为妨害公务行为。当然,对于肆意挑衅,随意殴打、骚扰志愿者等防疫人员或任意损毁、占用防疫物资、设施等造成防疫工作秩序严重混乱的行为,由于同时也符合寻衅滋事罪、故意伤害罪、故意毁坏财物罪等犯罪的构成要件,属于同一行为触犯数种犯罪,应按想象竞合犯择一重罪处理。

隐蔽性排污的入罪标准探析

远桂宝　汤鹤新　张　杰*

摘要：对于隐蔽性排污类污染环境犯罪，虽然其是行为犯，但也不能简单地认为有行为就构成犯罪，而应该以环境法益为基准，考虑行为犯的行为进展程度，即对环境法益的实质侵害情况，将超标排放作为隐蔽性排污的入罪标准。无论超标与否就直接将排放上述三类污染物直接上升到刑事惩治的高度，不利于行政执法与刑事司法的有效衔接，不符合刑法的"最后法"属性要求。

关键词：隐蔽性　排污　行为犯　超标　入罪

自1997年《刑法》实行以来，立法机关对规制环境污染犯罪的基本法条即《刑法》第三百三十八条修改一次，最高司法机关先后就环境污染犯罪三次出台专门的司法解释，进一步织密了保护绿水青山、建设美丽中国的刑事法网，大大提升了司法机关依法惩治环境污染犯罪的成效。然而随着不断出现的环境污染新情况，也暴露出了一些法律适用上的新问题，隐蔽性排污类污染环境案的法律适用就是其中之一。隐蔽性排污是指通过暗管、渗井、渗坑、裂隙、溶洞等逃避监管的方式排放、倾倒、处置污染物的污染环境行为。隐蔽性排污既是环保执法最常见的情形之一，也是污染环境罪定罪量刑适用最为集中的问题之一。由于相关司法解释对隐蔽性排污入罪情形的规定语言模糊，造成与行政处罚的界限不清，不利于司法者准确定罪量刑。在司法实践中，一些办案人员对其理解认识有偏差，以至于造成了该领域定罪乱象丛生：一方面表现为不自觉地降低隐蔽性排污的入罪标准，将本应该予以行政处罚的行为人予以追究刑事责任，导致隐蔽性排污"司法认定扩大化"问题；另一方面也表现为不自觉地大幅提高隐蔽性排污的入罪门槛，以行政处罚替代刑事处罚，造成放纵犯罪的问题。形成这种乱象的根源是对隐蔽性排污的行政违

---

* 远桂宝，江苏省南通市开发区人民检察院检察一部检察官助理；汤鹤新，江苏省南通市开发区人民检察院一部主任、检察官；张杰，江苏省南通市人民检察院一部副主任、检察官。

法与刑事犯罪拿捏无度，行政处罚与刑事处罚的界限认识不清，迫切需要予以澄清。

一、环境法律对隐蔽性排污的规定分析

隐蔽性排污首先确立于 1979 年的《环境保护法(试行)》，该法第二十条第三款规定“严禁使用渗坑、裂隙、溶洞或稀释办法排放有毒有害废水，防止工业污水渗漏，确保地下水不受污染”。这是我国在法律层面第一次规制隐蔽性排污。通过这条规定可以看出，隐蔽性排污的对象是“三废”中的废水。我国现行的《环境保护法》第四十二条第四款规定：“严禁通过暗管、渗井、渗坑、灌注……等逃避监管的方式违法排放污染物”。污染物有液体、气体和固体三种形式，分别对应了污染物的三种存在形态，即废水、废气和废渣，但是现行的环境保护法并没有明确污染物的具体形态。《环境保护法》作为我国环境保护的基本法，在我国环境保护法律体系中占有核心地位，对各专门环境法律发挥总则的指导作用，其关于隐蔽性排污的原则性规定还需要通过专门的环境法律来细化实施。《水污染防治法》第三十九条规定“禁止利用渗井、渗坑、裂隙、溶洞，私设暗管……等逃避监管的方式排放水污染物”。《放射性污染防治法》第四十二条第三款规定“禁止利用渗井、渗坑、天然裂隙、溶洞或者国家禁止的其他方式排放放射性废液”。然而，作为我国基础环境法律的《大气污染防治法》和《固体废物污染环境防治法》并没有涉及隐蔽性排污的相关规定。由此可见，隐蔽性排污的对象是污水。这也与隐蔽性排污工具的物理属性相契合。《环境保护法》《水污染防治法》都在法律责任章节规定了隐蔽性排污的行政责任，涉及财产罚、能力罚、自由罚，具体包括行政拘留、责令改正或者责令限制生产、停产整治、罚款以及责令停业、关闭等法律责任，同时还在法律责任章节明确规定了“违反本法规定，构成犯罪的，依法追究刑事责任”。虽然明确了隐蔽性排污的刑事责任，但是没有直接规定犯罪的构成要件与法定刑，即在何种情况下追究刑事责任，在何种情况下追究行政责任。可见，这种宣誓性的规定主要是立法的技巧，而不是追究刑事责任的依据。这种立法的宣誓性规定不能解决行政处罚与刑事处罚的衔接及界分难题。

二、司法解释对隐蔽性排污的规定分析

隐蔽性排污类的污染环境犯罪的司法认定首先规立于 2013 年 6 月最高人民法院、最高人民检察院(以下简称“两高”)联合下发的《关于办理环境污染刑事案件适用法律若干问题的解释》(以下简称《2013 年解释》)。该部解释第一条规定了认定“严重污染环境”的十四项具体标准，其中第四项对隐蔽性排污作了具体规定，即“私设暗管或者利用渗井、渗坑、裂隙、溶洞等排放、倾倒、处置有放射性的废物、含传染病病原体的废物、有毒物质的”。2016 年“两高”出台了新的《关于办理环境污染刑事案件适用法律若干问题的解释》(以下简称《解释》)。该《解释》对《2013 年解释》作了全面修改，并根据环境污染的新形势作出完善，将《2013 年解释》规定的“严重污染环境”的十四项具体情形，提升至

十八项，形成了十八项具体标准。《解释》对《2013 年解释》确立的隐蔽性排污类环境污染犯罪情形予以保留，并予以完善。《解释》第一条第（五）项规定："通过暗管、渗井、渗坑、裂隙、溶洞、灌注等逃避监管的方式排放、倾倒、处置有放射性的废物、含传染病病原体的废物、有毒物质的"。由此可见，与《2013 年解释》相比，《解释》对于隐蔽性排污有以下方面的完善：一是在排放污染物的方式上增加了"灌注"的方式，这种完善适应了环保执法遇到的新形势，提高了打击隐蔽性排污的精准性。二是在排放污染物的方式上概括称为"逃避监管的方式"，使司法解释更加具有灵活性，以条文的"不变"应对污染环境的"变"。在污染环境形态发展变化较快的经济发展转型时期，倘若不留任何"兜底"条款，不利于及时打击花样翻新的污染环境行为，也不利于司法解释本身的相对稳定，因此有限制地设置概况式规定是很有必要的。三是措施上更加严谨、科学，删除了"私设"二字。这是因为根据相关环保法规对排污单位"一企一管一口"和"明排放、明标示"的要求，一个排污单位一般只允许有一个排污管，实现污水明管排放，一般只允许有一个排污口，做到明确标示，方便环保执法部门监管。所以说暗管一般都是不允许设立的，所以"私设"二字就显得多余。司法解释之所以将隐蔽性排污情形作为污染环境罪的入罪条件，根本原因是对相关环保法律的贯彻落实，以体现刑法的保障法的地位。污染环境罪是行政犯，刑法作为环境领域的"最后法"并非创造规则，而是保障规则。换句话讲，《刑法》不规定具体的权利义务，不直接提供行为规则，只是告诉人们在环境领域不应当做什么，而不告诉人们应当做什么。虽然司法解释并没有规定隐蔽性排污污染物的存在形态，但是从前置的环境法律来看，隐蔽性排污类污染环境犯罪针对的是排放、倾倒、处置含有上述三种特定污染物的污水。通过对比司法解释及环境法律的规定来看，法律规定的对象是污水，而司法解释规定的对象是含有上述三种特定污染物的污水，据此似乎可以得出隐蔽性排污行政处罚与刑事处罚的界分在于排放污染物的不同，这也为两者的界分提供了"依据"。

三、行政犯的刑事违法与行政违法界定的基本法理

对于行政犯而言，行政违法与刑事违法的界分是区分罪与非罪的关键，不仅在我国而且在大陆法系国家都是一个难题。区分两者的理论众多，最具有代表性的就是"三大差异理论"，即量之差异说、质之差异说、质量差异说。量之差异说认为两者只是量的区别，质之差异说认为两者存在质的区别，质量差异说认为两者在质和量上均有所不同。[①]污染环境罪是典型的行政犯。行政犯以违反相关法律、行政法规为前提。因此，行政犯具有行政违法和刑事违法的双重属性。[②] 从环境保护的几部基本法律规定来看，隐蔽性

① 参见李晓明：《行政刑法新论》，法律出版社 2019 年版，第 110 页。

② 参见张明楷主编：《行政刑法概论》，中国政法大学出版社 1990 年版，第 103 页。

排污既有具体的行政处罚,同时又有刑事处罚。这两种处罚分属于不同的责任领域,有其不同的适用要件。从法理上看,行政违法与行政犯罪的行为表现具有同一性,其区分界限在于社会危害程度的差异,行政处罚和刑事处罚分别对应轻重程度不同的违法行为,在一定程度上存在交叉、牵连甚至转化,一旦二者牵连不清,就会造成刑事处罚代替行政处罚或行政处罚代替刑事处罚的结局,最终法律所发挥的效能必将大打折扣,法秩序的统一也难以维持。笔者认为,刑法的谦抑性理念是正确界定刑事处罚与行政处罚的重要指导原理。《刑法》规定的法律后果主要是刑罚。刑罚作为社会治理的保障性手段,并非时时刻刻、事事处处能够发挥社会治理万能器的作用。刑罚作为国家最严厉的强制手段,虽然可以剥夺人的财产和自由,但是本身就是一种恶害,一旦对行为人科处刑罚,必须做到刑当其罪,罪当其罚,罚合其责,否则无异于饮鸩止渴。正如德国著名学者耶林所言:"刑罚如两刃之剑,用之不得其当,则国家与个人两受其害。"①所以,应当限制而不能扩张刑罚的适用,要使刑罚成为保护法益的最后手段,在能够以其他部门法律实现保护法益的目的时,就不能轻易适用刑法。隐蔽性排污的刑事处罚手段比较单一和薄弱,仅有自由与财产刑,隐蔽性排污的行政处罚除了罚款、行政拘留等自由与财产罚之外,还存在责令限制生产、责令停业等能力罚的形式,从而弥补了刑罚功能上的空缺。这种处罚的布局决定了行政处罚在隐蔽性排污的治理中手段更加灵活,适用的空间更广,在一定条件下发挥的作用更大。这两种处罚方式上的结合覆盖了各类隐蔽性排污的不法行为,形成了一个完整的公法上的处罚体系。《刑法》是后盾法,具有谦抑性,只有在行政处罚不足以调整或者调整的方式不足以遏制隐蔽性排污行为时,才可以考虑动用《刑法》。所以要严格把控隐蔽性排污的入罪门槛,严格《刑法》的适用,保持刑罚的节制,防止《刑法》的过度反应,为行政处罚留下足够的空间。

四、隐蔽性排污入罪标准的三种观点及评析

司法实践中有观点认为只要通过私设暗管或者利用渗井、渗坑、裂隙、溶洞等排放、倾倒、处置有放射性的废物、含传染病病原体的废物、有毒物质的,即可构成污染环境罪。理由是自 2011 年 5 月 1 日起施行的《刑法修正案(八)》对《刑法》第三百三十八条修改后,降低了该罪的入罪门槛,从严惩治环境犯罪的一个重要标志就是认定环境犯罪实现了由结果犯向行为犯的转变。该种类型的污染环境犯是行为犯,只要有此种行为就构成犯罪。按照此观点,隐蔽性排污的行政处罚与刑事处罚的分界在于排放污染物的不同,排放有放射性的废物、含传染病病原体的废物、有毒物质三种特定污染物的构成刑事犯罪,排放上述物质以外的污染物的在行政处罚之列。这种观点是从对比法律规定的隐蔽性排污对象差异中得出的结论,在司法实践中很有代表性,非常盛行,似乎很有道理。其

① 转引自林山田:《刑罚学(修订本)》,商务印书馆 1992 年版,第 126 页。

实这种认识是从法律及司法解释规定的表象中得出的错误结论,不仅违背了刑法的谦抑性原则,而且也与行为犯的理论相冲突。行为犯的行为并非是即时的、短暂的,而是要有一个实行过程,强调犯罪人的行为要有一定的进展,达到一定的程度。

笔者以曾经办理的姜某污染环境案来说明这个问题。2018 年 4 月至 6 月间,犯罪嫌疑人姜某在南通开发区经营无名塑料粒子加工点。生产流程是先把编织袋粉碎,然后用水清洗,再高温熔化,最后拉丝,切割成颗粒。由于生产过程中需要排放污水,就在厂区用挖掘机挖了个大坑,用于排放污水,然后挖了三条管道连接厂房和大坑。经监测,机器下积水锌含量 2. 21mg/L,车间沟内锌含量 1. 64mg/L,外边沟内锌含量 1. 82mg/L,渗坑内锌含量 4. 32mg/L。本案中隐蔽性排放的是含重金属锌的污水,根据《污水综合排放标准》(GB 8978 – 1996)的规定,总锌的最高允许排放浓度一、二、三级分别是 2mg/L、5mg/L、5mg/L,当地属于四类水域,执行二级标准 5mg/L 的规定。本案中排放的重金属锌的污水浓度未超过国家标准,其实施的逃避监管排污行为,侵害的是公法益——行政管理秩序,因为其排放的污染物符合国家标准,尚未侵犯环境法益,更未侵犯个人法益,不能认定为是刑事违法,应该予以行政处罚。正如张明楷教授所言,“行为仅侵害行政管理秩序时,即使在行政法上被认为侵害了公法益,但如果没有最终侵害个人法益的,就只是行政违法行为,而不可能成为犯罪行为”。①

由于司法实践中隐蔽性排污的对象多见于含有重金属的污水,所以《解释》第一条第(五)项规定的隐蔽性排污的对象与第(三)项、第(四)项有交叉重合的部分,于是在司法实践中又产生了另一种观点,即认为隐蔽性排污的对象如果是含重金属的污水,入罪标准应该执行《解释》第一条第(三)项、第(四)项规定,即分别超过排放标准的三倍、十倍以上入罪。这种观点是对司法解释的误解,对于第(三)项、第(四)项、第(五)项应当做整体解释,不能人为割裂其中的内容。从司法解释的初衷来看,第(五)项规定的是通过逃避监管的特殊方式排污,“逃避监管”是体现隐蔽性排污类污染环境罪所规制对象的特征与性质的核心字眼,更是体现着该类污染环境罪自身的独特性,应当成为理解《解释》第一条第(三)项、第(四)项与第(五)项关系的钥匙。从体系解释的角度来看,该条也明示或暗示了第(三)项、第(四)项适用的前提条件就是正常排污,而非通过逃避监督的方式排污。因此该种观点亦不可取。

五、以超标排放作为隐蔽性排污的入罪标准

“以成文法的形式事先公布刑法,虽然有利于保障国民的预测可能性,但文字的特点必然导致法条内容宽泛、模糊、不确定,使刑法条文的表述可能包含行政违法行为。”②司

---

① 张明楷:《避免将行政违法认定为刑事犯罪:理念、方法与路径》,载《中国法学》2017 年第 4 期。

② 张明楷:《避免将行政违法认定为刑事犯罪:理念、方法与路径》,载《中国法学》2017 年第 4 期。

法解释同样如此。司法解释虽然对隐蔽性排污类污染环境情形作了具体规定，但由于语言文字的抽象性、概况性规定，导致隐蔽性排污对象范围的宽泛不可避免，条文的规定也就可能包含了行政违法行为。

界定隐蔽性排污的行政处罚与刑事处罚，一定要从实质刑法学的立场出发，坚持环境法益的实质考量。法益是作为人们的生活利益而成为保护对象的。不管是在解释论上还是在立法论上，法益概念都起着指导作用。刑法分则条文的规定，都有其特定的法益保护目的。[①] 污染环境罪保护的是环境法益，其入罪要件是“严重污染环境”。“严重”一词是刑法谦抑性的体现，为污染环境的刑事处罚与行政处罚划定了界限。这就意味着对于污染环境罪而言，即便在一定程度上污染了环境，只要没有达到“严重”程度，就不能以污染环境罪论处。至于“严重”的内涵，要根据《解释》第一条污染环境入罪的十八种具体情形进行具体分析。对于隐蔽性排污，因为其排放的是三种特定的污染物，应当结合排污标准进行考察。

环境污染是人类从事生产生活的固有附产品。正如英国著名学者克莱夫·庞廷所言，“污染有着悠久的历史。制造废弃物是每一人类社会的显著特征”。[②] 正因如此，各国法律都允许人类对环境的适度污染，我国也不例外。国家（地方）根据环境质量标准，结合环境自我净化的容许量和社会、经济、技术条件，对污水排放中的污染物的种类、浓度和数量等规定了具体的标准。只有超过标准排放污水，才有可能构成刑法意义上的污染环境。

隐蔽性排污入罪标准的确立，需要考虑以下三个层次的问题，第一个层次要体现从严打击污染环境犯罪的立法精神。《刑法修正案（八）》将重大环境污染事故罪修改为污染环境罪，背后蕴含的是从严惩治环境污染犯罪的修法旨趣。第二个层次要体现刑法的谦抑性。恰当把握打击面，为种类丰富的行政处罚的运行留足空间，实现行政处罚与刑事处罚的有序衔接，特别注意入罪标准的明确性，防止司法“擅断”的空间，这也是现代刑事法治的普遍要求。第三个层次要体现司法解释的科学性。《解释》将“严重污染环境”具体化为十八种具体情形，要注意这些条款之间的比较，特别是同类条款之间的比较，在危害性方面必须有相当性，防止入罪标准的失衡。

在隐蔽性排污中，只要污水中所含有的三种特定污染物超过标准，就应当认定其构成犯罪。相对于一类、二类重金属污染物分别超过排放标准的 3 倍、10 倍入罪而言，超标排污入罪的标准似乎过于严厉，实则不然。这是因为隐蔽性排污类污染环境罪具有多重的危害性：一是其排放的是特定污染物，即有放射性的废物、含传染病病原体的废物、有毒物质。这些污染物对人类的危害本来就很大。二是其以逃避监管的非常规的方式排

---

① 张明楷：《避免将行政违法认定为刑事犯罪：理念、方法与路径》，载《中国法学》2017 年第 4 期。

② ［英］庞廷：《绿色世界史：环境与伟大文明的衰落》，王毅、张学广译，上海人民出版社 2002 年版，第 370 页。

污，造成环境监管的“盲区”，严重破坏环境监管秩序。三是其通过暗管、渗井、裂隙、溶洞等特殊的工具排放污染物，行为具有较强的隐蔽性，犯罪风险小，犯罪的暗数大。暗数大体现在两个方面：一是实际发生的隐蔽性排污案件数量远远大于已经发现的案件数量；二是在已经发现的该类案件中，查明的排放的污水数量远远大于已经被发现的排放数量。多重危害性的叠加对生态环境的破坏作用绝非是简单相加，而是几何级的放大。① 水污染物排放标准是判定排污活动是否超标的根据，具体包括国家水污染物综合排放标准、地方水污染物排放综合标准和国家行业水污染物排放标准。水污染物的排放标准分布行业众多，种类庞杂，内容丰富，在判断排污活动是否超标时，应该一一对照执行。

---

① 例如，近年来发生的震惊全国的腾格里沙漠环境污染案比较典型地说明了隐蔽性排污的社会危害，涉案企业被发现向沙漠排放的污水数量惊人，其实际排放的污水数量更是不可想象，其对沙漠生态环境的破坏几乎是不可修复的。

试论检察机关在刑事诉讼中的主导作用

——以"以审判为中心"背景下主导作用的边界为视角

陈晓云*

摘要:党的十八届四中全会首次提出推进以审判为中心的诉讼制度改革,该项重要决策部署是推进后续司法体制综合配套改革的重要内容。如何正确处理好"以审判为中心"与切实发挥好检察机关主导作用成为一个重要课题。"以审判为中心"并非以"法院"为中心,也不是削弱检察机关在刑事诉讼中的作用。检察机关要围绕构建新型侦检、检法关系,发挥好诉前引导、审前过滤等机制的主导作用,确保办案质量和效率,同时应注意主导作用行使的边界。

关键词:检察机关　主导作用　引导侦查　边界

一、"以审判为中心"的诉讼制度改革给检察机关带来的契机和挑战

以审判为中心的诉讼制度改革意味着庭审不再是简单了解情况、核实证据,而是要充分进行交叉询问、辩论,充分发挥举证、质证、辩论各环节的作用,真正贯彻直接言词原则、辩论原则。[①] 该项改革为检察机关强化主导地位、提升检察贡献度提供了契机,同时也给检察机关如何适度发挥好主导作用、切实履行法定职责带来挑战。

(一)带来的契机

1.要求检察机关有效控制侦查质量。"以审判为中心"要求用于定罪量刑的证据均要在庭上出示并接受质证,使庭审实质化。庭审过程中,检察机关能否唱好"主角",取决于审前基础性工作,即侦查活动收集的证据是否扎实。这要求检察机关充分控制好案件

---

* 陈晓云,江苏省常熟市人民检察院检察官助理。

① 参见陈重喜、资晓露:《以审判为中心视角下的公诉工作调适》,载《中国检察官》2015年第10期。

质量,确保侦查效果,使之符合法庭审判要求,[①]也有利于检察机关强化对刑事诉讼活动的监督,提升对证据收集合法性、庭审活动规范性、裁判结果公正性的监督效果。

2. 凸显检察机关在审判环节的地位。"以审判为中心"要求查明事实、举证质证、发表诉辩意见、形成裁判结果均在法庭上进行,这要求法院在整个刑事诉讼过程要严守中立地位,"导演"整个庭审并根据司法审判标准对控辩双方"对台戏"的表现作出"评价"。在"以审判为中心"的背景下,检察机关只有在指控犯罪上发挥更加积极的作用,才能受到中立审判方的"正面审核评价"。

(二)带来的挑战

1. 检察机关控制侦查质量手段有限。目前司法实践中,检察机关控制侦查质量的手段主要有:一是提前介入,二是补充侦查,三是自行侦查。这三种方式对控制侦查质量所起的效果有限。其中,提前介入缺乏法律的正式规定,且介入的案件范围有限;补充侦查具有滞后性且对侦查机关缺乏约束力,容易流于形式,错过最佳取证时间;自行侦查也存在滞后性的缺陷,且检察机关的侦查能力和手段有限,只能是对现有证据进行补充。以上因素导致检察机关控制侦查质量的效果并不理想。

2. 引导过度易适得其反。基于检察监督的客观中立性,如果检察机关对所有案件都提前介入引导侦查,不仅浪费司法资源,还容易过度干预侦查活动,导致侦检双方权责不清、分工不明,一定程度影响侦查机关的积极性。所以,如果检察机关的主导作用发挥过度或越过边界,容易有干预侦查机关独立行使侦查权或侦检联合侦查之嫌。

二、检察机关发挥主导作用的具体权能

为切实发挥法律监督职能,弥补侦查机关取证中可能存在的缺陷,检察机关要积极探索、创新、完善工作机制,提升自身业务能力,逐步进入主导审前程序的角色。[②] 目前,要通过引导侦查、全面推行认罪认罚从宽制度、提出诉讼程序建议及精准量刑建议等制度,大力推进办案智能辅助系统、案件监督管理平台等信息化模式,助力检察事业新形势下的新发展。

(一)引导侦查权

引导侦查,是指检察机关为指控、证实犯罪,保证侦查活动的合法进行,就侦查方向的选定、侦查措施的选取和刑事犯罪证据的收集等向侦查机关提出建议,发挥对刑事侦查的引导、监督作用。[③] 2015 年 6 月,全国检察机关第五次公诉工作会议提出:"诉前主

---

① 参见张玉鲲、张伟、蒋家棣:《"以审判为中心"背景下的刑事指控体系构建》,载《北京政法职业学院学报》2017 年第 1 期。

② 参见杨振东:《检察机关适应以审判为中心的诉讼模式急需做好的几项工作》,载《法制博览》2017 年第 21 期。

③ 参见张智辉、吴孟栓:《2001 年检察理论研究综述》,载《国家检察官学院学报》2002 年第 2 期。

导就是要从源头上保证案件质量。各级公诉部门要加强介入侦查、引导取证工作，通过出席现场勘查、参加讯问和案件讨论等方式，对收集证据、适用法律提出意见，要在移送审查起诉前解决证据的确实充分和合法性问题”。2019 年 12 月 30 日起施行的《人民检察院刑事诉讼规则》第二百五十六条中明确了检察机关“介入引导侦查”工作机制。检察机关根据庭审证明需要，对侦查活动适时进行引导，可以改变过去对侦查结果的勉强迁就和被动依附状态，从事后监督转变为事中监督、主动监督，可以夯实证据基础，确保审查起诉的案件在源头上不出问题。

（二）繁简分流权

在当前司法机关“案多人少”矛盾十分突出的情况下，若每个案件都严格按照普通程序审理显然不现实。检察机关应通过推动健全刑事案件繁简分流机制，处理好简、速与精、繁的关系问题。其中，当前检察机关主要矛盾还是要着力解决简、速程序的问题，探索更多配套途径：一方面是设立有效的案件识别分类机制，区分简单和复杂案件，这是选择简、速与精、繁模式的基础；另一方面是从程序选择、审批放权、文书精简、庭审指向和科技手段利用等方面体现简、速与精、繁模式的效果。① 通过“简案快办、繁案精办”的良性循环，优化司法资源配置，最终才能实现庭审效率的最大化。

（三）量刑建议权

认罪认罚从宽制度对优化司法资源配置起到不可忽略的作用。“控辩协商是认罪认罚从宽制度中的一个关键性环节，只有经过控辩协商，控辩双方才能对量刑从宽和庭审程序从简的建议达成合意。”②对于犯罪嫌疑人自愿认罪、同意适用认罪认罚从宽制度的案件，检察官可以提出精准量刑建议，并就此与犯罪嫌疑人进行协商，向犯罪嫌疑人释明法律政策、相关法律后果。控辩双方通过充分沟通交流，促使犯罪嫌疑人更好地理解并接受量刑结果，实现认罪案件快速、正确地办理。

（四）不起诉裁量权

审前分流的意义在于允许检察机关通过审查、甄别、区分，在法律允许的范围内依法行使诉讼裁量权作出不起诉决定。检察机关必须充分发挥审前过滤作用，依法履行审查起诉职能，准确把握起诉标准，合理使用不起诉权，完善并统一类案不起诉标准和撤回起诉条件。对部分犯罪情节轻微不需要判处刑罚或者免除刑罚的刑事案件，要敢于依法作出相对不起诉决定；对于证据不足或者认为不构成犯罪的则应不追究刑事责任，及时作出处理决定，适时做好审前分流工作。

（五）刑事诉讼法律监督权

《刑事诉讼法》第八条明确规定，人民检察院依法对刑事诉讼实行法律监督。在刑事

---

① 参见刘岳、赖权宏：《刑事公诉创新发展路径探究》，载《深化依法治国实践背景下的检察权运行——第十四届国家高级检察官论坛论文集》，2018 年。

② 朱孝清：《认罪认罚从宽制度的几个问题》，载《法治研究》2016 年第 1 期。

诉讼中,检察机关的法律监督权覆盖刑事诉讼全过程,对于发挥主导作用而言,最重要的是侦查监督权和刑事审判监督权。检察机关的侦查监督是对前监督或反向监督,符合监督的一般规律;而检察机关的审判监督是对后监督或正向监督,属于我国特有的司法监督模式。检察机关的审判监督既是法律监督机关的职责之所在,也有审判中心下防止"法院中心主义""法官中心主义"的现实需要。充分履行法律监督职能,确保刑事诉讼活动及证据合法,能更好地确立检察机关主导庭前程序的地位。

三、检察机关发挥主导作用的边界

在以审判为中心的诉讼制度框架中,检察机关权力的着眼点应该是规范和审慎,①检察权只能日益规范而不宜日益扩张,这是公权力谦抑性在刑事诉讼中的应然体现。检察机关在刑事诉讼中发挥主导作用,要避免主导变为干预,监督变为指挥,应当明确主导作用的边界,处理好主导作用和分工负责的关系。

(一)明确引导侦查行使边界

检察机关发挥诉前主导作用,强调的是侦检积极配合,构建以审判为中心的大控诉方。检察机关在介入侦查、引导取证的过程中要恪守行使的边界,不能在实质上干涉侦查活动,合理界定侦检关系,"适当、适时、适度"引导侦查,并需注意以下几点:

1. 介入范围。检察机关引导侦查并不是有案必引,而是对重大、疑难、复杂案件给予一定的引导、指导。明确引导侦查案件的范围,可以以概括列举的方式作出限制规定,同时以兜底条款方式预留一定弹性空间,合理有效利用检察资源,最大限度地发挥引导侦查效用。如对于涉嫌黑社会性质组织犯罪,涉众型犯罪、犯罪集团等取证涉及面广的案件,证据时效性要求高的案件,媒体关注或在当地有重大社会影响的案件,职务犯罪案件,其他检察机关认为有必要引导侦查取证的案件等,②原则上要介入引导侦查。对于犯罪嫌疑人到案后零口供或态度反复等,检察机关可以介入引导侦查。

2. 介入时间。检察机关介入侦查活动有主动介入和被动邀请两种形式。为确保引导的时效性,侦检之间可以建立侦查信息输入制度,检察机关可以随时掌握立案侦查的案件信息,依据现实需要介入侦查。侦查机关定期向检察机关报送立案情况及相关法律文书,确保检察机关择机、择案派员实施诉前主导。

3. 引导方式。原则上采用书面引导和集体讨论的方式引导侦查,对于证据存在矛盾、难以确定侦查突破方向的疑难案件,采取出席勘查现场、参加讯问等亲历侦查过程的方式,结合阅卷和听取侦查人员介绍案情来找到突破点。③ 其中,对于书面主导方式,一

---

① 参见卢建平、王晓雪:《以审判为中心视角下检察权的定位与运行》,载《浙江大学学报(人文社会科学版)》2017 年第 3 期。

② 参见顾鹏林:《"以审判为中心"的刑事诉讼制度改革的检察应对》,吉林大学 2016 年硕士学位论文。

③ 参见赵立伟、张兆平:《诉侦关系研究——诉前主导的邢台经验》,载《邢台学院学报》2018 年第 1 期。

方面,需要完善补查说理制度。检察机关根据案件的具体情况,明确补充侦查的必要性,提出有针对性的侦查建议,引导侦查机关在正确的方向上收集、固定证据,增强补证提纲的可操作性和针对性,明确补查方向、标注和要求。① 另一方面,加强对补查工作的检察监督。如果侦查人员存在消极应付补查工作,或简单地以情况说明替代证据证明等情形,检察机关可以建议侦查机关更换案件承办人,②并可向本级侦查机关及其上级机关集中制发检察建议书,引起相关单位重视并防止此类问题再次发生。

(二)合理行使诉讼程序选择权

当前适用速裁程序、简易程序中,往往都有基于被告人认罪而对其实行从宽处罚。检察官不能单纯为了适用程序、追求案件快速办理,而无原则换取被告人认罪、忽略对犯罪的指控惩罚。在刑事司法改革进行的过程中,不仅不能降低监督制约的力度,反而只有加强监督制约才能保障改革目标的圆满实现。如在认罪认罚从宽制度中,被告人认罪认罚的真实性和程序选择的自愿性是制度运行的基础,没有检察机关的监督容易产生违背意愿的妥协,需与被告人有效沟通其认罪的自愿性、真实性,使其对可能判处的刑罚和量刑结果有合理预期,促使其真正认罪认罚。"从宽"是对认罪认罚者的司法宽容,如果缺少监督,"从宽"也容易产生不依法、不平衡的问题。速裁程序、简易程序等可以采用独任审判,缺少监督则容易滋生司法腐败;刑事和解如果离开了监督,可能产生"花钱买刑"、漫天要价等弊端,从而消解刑事和解制度的生命力。③ 因此,检察机关发挥诉讼程序选择中的主导作用应建立在加强法律监督及与司法改革需求相匹配的基础上,进行合理的延伸和强化。

(三)注重检察监督实效

为更好地提升检察机关监督质效,应当研究提升监督的方式和方法。对于侦查监督,检察机关既要充分运用监督手段,还要慎用监督权;既要全面监督,更要保证监督的必要性、正确性,让被监督者愿意接受,能够接受。对于审判监督,检察机关应探索与繁简分流体系相适应的类型化审判监督方式,实现独立审判权与审判监督权的自洽运行。对于认罪认罚从宽案件,审前控辩双方就定罪量刑达成合意后,庭审时法院可重点就被告人认罪认罚具结书自愿性、真实性、合法性进行审查,在具结书基础上做出裁判。此类案件在一定程度上是"法院让渡部分司法权以实现司法效率的提升"。④ 检察官应把主要精力放在量刑建议是否被法院改变的监督上,在法院突破原有量刑建议给予被告人大幅

① 参见朱孟超:《以审判为中心背景下的刑事检察工作机制创新研究》,江苏大学 2017 年硕士学位论文。

② 参见陈国庆、周颖:《刑事公诉制度改革十大趋势》,载《人民检察》2016 年第 12 - 13 期合刊。

③ 参见刘岳、赖权宏:《刑事公诉创新发展路径探究》,载《深化依法治国实践背景下的检察权运行——第十四届国家高级检察官论坛论文集》,2018 年。

④ 李本森:《我国刑事案件速裁程序研究——与美、德刑事案件快速审理程序之比较》,载《环球法律评论》2015 年第 2 期。

度量刑优惠或加重被告人刑罚时,及时了解原因,依法进行监督,保障控辩协商成果的有效性。对于被告人不认罪、按照普通程序进行审理的案件,对审判活动的监督应更加关注庭审,围绕是否遵循庭审中心原则展开监督。从认定事实、采信证据、适用法律、程序运行等方面对裁判决定的程序和实体是否合法进行全面监督审查。

(四)探索控辩协商机制

以审判为中心诉讼制度改革下,检察机关应以完善诉辩协商、沟通模式为突破点,推进新型诉辩关系的建立。辩护律师能从辩方角度敏锐发现案件疑点和漏洞,认真听取律师意见,全面了解和分析辩护意见和辩护策略,明确双方争议焦点,能促进检察机关把好事实关、证据关、程序关及法律适用关。检察机关对律师提出的无罪、罪轻或者减免刑事处罚、无羁押必要等意见,应及时进行审查,充分尊重律师的合理意见;对律师提出的侦查行为违法、证据真实合法性存疑的意见,应认真核实及时回馈,必要时以书面形式进行回馈。

在整个刑事诉讼程序中,检察机关本身具有不起诉裁量权,对前一诉讼阶段公安机关的侦查活动具有侦查监督权、引导侦查作用,对后一阶段法院的审判活动具有审判监督权、繁简分流作用。检察机关主导作用的发挥影响到整个诉讼的质量和效率。在"以审判为中心"的诉讼制度改革中,检察机关必须全面、准确地认识"审判中心"的内涵及其赋予检察机关的职能要求,明确自身的主导地位及行使的边界,才能切实履行好在犯罪治理中的法定职责,为贯彻落实依法治国方略做出应有的贡献!

认罪认罚案件速裁程序适用率偏低问题探析

赵　卿　李　庆*

摘要:作为认罪认罚从宽制度框架下重要诉讼程序之一,速裁程序拥有与生俱来的简便高效性。扩大速裁程序的适用对保障人权、体现认罪认罚从宽制度价值、优化司法资源配置、提升检察工作的能力和水平具有深刻的现实意义。通过时间和地理两个维度对比速裁程序适用数据,发现认罪认罚从宽制度全面推行后,认罪认罚案件速裁程序适用率明显下降,特别是与原试点地区相比,一些非试点地区对速裁程序认识和接受度不高、制度适用合力尚未形成、配套保障机制不健全,亟待通过提高认识、构建一体化办案机制、健全配套保障机制等措施加以解决。

关键词:认罪认罚从宽制度　速裁程序　一体化办案　值班律师　社会调查

一、问题的提出

刑事案件速裁程序,是对事实清楚、证据确实充分,犯罪嫌疑人、被告人认罪认罚,可能判处三年有期徒刑以下刑罚的案件,在遵循法律基本原则,保障当事人诉讼权利、确保办案质量的前提下,简化诉讼程序、缩短办案期限的工作机制,对推动案件繁简分流、优化司法资源配置、提高刑事案件效率与质量意义重大。修改后的《刑事诉讼法》在将认罪认罚从宽制度写入总则的同时,增设速裁程序,形成认罪认罚从宽制度框架下的速裁程序、简易程序和普通程序简化审的多元化诉讼格局。

在认罪认罚从宽制度全面推行过程中,速裁程序的适用更是起到"加速度"的作用。对全国绝大部分地区来讲,认罪认罚从宽制度的推行有一个适应磨合的过程,整体而言相对顺畅。从目前司法实践来看,认罪认罚案件的适用率基本在 70% 以上(以 J 省为例,

---

* 赵卿,江苏省徐州市人民检察院法律政策研究室副主任,江苏师范大学法学院兼职教授,博士;李庆,江苏省徐州市铜山区人民检察院第六检察部主任。本文系最高人民检察院理论研究课题"认罪认罚从宽程序中的量刑建议制度研究"(课题编号:GJ2018D26)的成果。

2019年1月至2020年3月期间该省检察机关共办结刑事案件98428件145583人,适用认罪认罚案件74410件103933人,认罪认罚案件适用率已达75.60%)①,明显高于试点期间(2016年11月至2017年9月)42.7%②的平均水平。然而,相较于认罪认罚案件适用率呈现逐步提升的良好态势,一些地区认罪认罚案件速裁程序的适用率却呈现下降趋势。

首先,从时间维度来看。试点期间,全国251个试点法院审结认罪认罚案件6.9万件7.8万人,适用速裁程序审结的占69.7%。③ 全面推行认罪认罚制度后,J省检察机关在2019年1月至2020年3月期间共办结认罪认罚案件74410件103933人,适用速裁程序审理的14827件,占比23.2%。④ 相较试点期间全国适用速裁程序的平均基数而言,J省检察机关新近一年来认罪认罚案件适用速裁程序的比率偏低,二者已然呈现较大差距。⑤

其次,从地理维度来看。J省两个地级市(一个是原试点地区,简称为A市;一个非试点地区,简称为B市,两市办案体量大致相当)认罪认罚案件速裁程序的适用也出现了明显的地区不平衡现象。2019年1月至2020年3月期间,A市检察机关办结认罪认罚案件9772件,其中适用速裁程序4552件,适用率为46.58%;同期,B市检察机关审结认罪认罚案件6092件,其中适用速裁程序的405件,速裁程序适用率仅为6.65%。⑥

从上述数据不难看出,B市认罪认罚案件速裁程序适用率明显低于A市。这一显著差距凸显出一些非试点地区对于大量符合认罪认罚从宽适用条件的案件,却并未适用相应速裁的程序。非试点地区对于认罪认罚案件中适用速裁程序,无论是认识和接受度,还是实践中的具体应用,与原试点地区相比均有很大差距,这无疑将导致全省范围内制度适用的不平衡,降低全省的制度效用。从全局而言,当前认罪认罚从宽制度已在全国推开,作为认罪认罚从宽制度重要设计之一的速裁程序,若这一低率适用情况不加改善,难免会影响到认罪认罚从宽制度的落地生根和有序推进。基于此,深入分析一些地区速裁程序适用率偏低的原因,积极探索认罪认罚案件适用速裁程序的有效路径,对当下全面推进认罪认罚从宽制度、确保制度效用深度发挥具有深刻的现实意义。

---

① 数据来源于检察机关统一业务系统。

② 数据来源于最高人民法院2017年11月1日向第十二届全国人大常委会第三十次会议所作的《关于人民法院全面深化司法改革工作情况的报告》。

③ 数据来源于最高人民法院2017年11月1日向第十二届全国人大常委会第三十次会议所作的《关于人民法院全面深化司法改革工作情况的报告》。

④ 数据来源于检察机关统一业务系统。

⑤ 严格来讲,检察机关与审判机关在各自业务系统中对“适用速裁程序”的统计数据系分别根据本诉讼环节工作情况作出。在实务中,对于检察机关建议适用速裁程序的案件,审判机关往往会采纳,极少出现改变诉讼程序的情况,故本文在此对个别例外数据忽略不计论。

⑥ 数据来源于检察机关统一业务系统。

二、认罪认罚案件适用速裁程序之价值分析

速裁程序,又称刑事诉讼"快车道",兼具效率价值、程序公正价值及实体公正价值。[①]正如学者所指出的,速裁程序有助于提高刑事案件的诉讼效率、推动繁简案件分流、严格依照法律来惩罚犯罪、保障当事人诉讼权利、优化司法资源配置、完善刑事诉讼程序。[②]认罪认罚从宽制度本质上是促进社会治理体系和社会治理能力现代化的一种诉讼模式,在认罪认罚案件中契入速裁程序,更具有以下价值特征:

(一)刑事司法领域保障人权的重要手段

适用速裁程序办理刑事案件,办案人员需要及时向犯罪嫌疑人、被告人告知认罪认罚的权利、提供值班律师的法律帮助,在侦查、起诉、审判各个阶段,由公安、检察院、值班律师或辩护律师、法院分别、多次对犯罪嫌疑人、被告人进行权利告知。每一阶段的权利告知都是一种义务性的释明,充分听取意见,保障诉讼权利。同时,适用速裁程序能够大幅缩短刑事诉讼周期,从时间上加快了案件的办理速度与效率,减少超期羁押的发生,有利于缓解犯罪嫌疑人、被害人等多方诉讼主体焦灼等待的心理压力。

(二)认罪认罚从宽制度价值的集中体现

认罪认罚从宽制度有利于化解社会矛盾、促进社会和谐、减少社会对抗和戾气、节约司法资源,确保办案法律效果、政治效果、社会效果的有机统一。[③] 速裁程序集中体现了认罪认罚从宽制度的公平价值和效率价值:一方面,就公平而言,速裁程序源于对"诉辩交易"的借鉴,对被告人量刑的"优惠"是适用该程序的显著特点之一。其量刑逻辑为:"认罪认罚"可依法从宽处理——适用速裁程序的案件必定是"认罪认罚"案件——适用速裁程序可从宽处理。在速裁程序中,只要被告人"认罪认罚",司法机关就应在实体上从宽,而且相比较于简易程序和普通程序,速裁程序的从宽幅度更为明确,更具备可期待性,在坦白的基础上可以得到更大惠利。另一方面,就效率而言,认罪认罚从宽制度的效率价值体现在高效率地办理刑事案件,而速裁程序在程序上的从宽体现为非羁押强制措施的适用和诉讼周期的大幅度缩短。"两高三部"《关于适用认罪认罚从宽制度的指导意见》(以下简称《指导意见》)规定了检察机关速裁程序的办案期限,即一般应当在 10 日以内作出是否提起公诉的决定,对可能判处的有期徒刑超过 1 年的,则可以延长至 15 日,这大大缩短了原则上可以"三延二退"的办案期限。同时,《刑事诉讼法》第二百二十五条和《指导意见》第四十三条对审判机关速裁程序的审理期限也作了如上同样规定。

---

① 参见孔令勇:《刑事速裁程序价值的理论阐释与冲突衡平》,载《烟台大学学报(社会科学版)》2019 年第 4 期。

② 参见樊崇义、常铮:《认罪认罚从宽制度的司法逻辑与图景》,载《华南师范大学学报(社会科学版)》2020 年第 1 期。

③ 参见苗生明、周颖:《〈关于适用认罪认罚从宽制度的指导意见〉的理解与适用》,载《人民检察》2020 年第 2 期。

（三）优化司法资源配置的有效路径

与简易程序相比，刑事速裁程序进一步简化了程序，简易程序是对庭审阶段的“简化”，而速裁程序不仅是对法院案件审理的要求，在案件的侦查、批准逮捕、审查起诉、法律援助、社会调查等阶段均要求司法机关遵循同样“简便快捷”原则。对适用速裁程序的案件，在侦查阶段，要求提捕、移诉效率更高、更快速；在审查起诉阶段，期限被严格限定在最短时间内；在审判阶段，则简省了法庭调查、法庭辩论，大大缩短了庭审时间。司法实践中，适用刑事速裁程序的一般都是刑事处罚较轻、社会影响较小、案件事实清楚，证据确实、充分的案件，此类案件各诉讼环节的简化，使司法工作人员能够将更多的精力投入其他复杂疑难案件中去。如此，使原本有限的司法资源能够得到更为科学合理地规划，将案件实际量直接与程序繁简程度挂钩，最大限度实现资源优化配置。

（四）提升新时代检察工作能力和水平的重要载体

在新时代检察事业中，检察机关案件质量主要评价指标体系是案件质量评价制度的重要组成部分。科学设定案件质量评价指标，不仅可以客观反映检察工作能力和水平，而且有利于调动工作积极性，引导更高质效地办理案件。在目前检察机关案件质量主要评价指标体系中，速裁程序适用率是正向评价指标之一，其适用率的高低直接体现检察机关认罪认罚案件办案质量和诉讼效率，扩大速裁程序的适用应成为当前各级检察机关工作的重心和提升案件质量的着力点。

三、当前部分地区速裁程序适用率偏低之原因检视

认罪认罚案件适用速裁程序涉及侦查、审查逮捕与起诉、审判等多个诉讼环节，并辐射法院、检察机关、公安机关等多个部门，“合则通，不合则不畅”。实践亦证明，在思想认识到位、制度合力突出、配套机制健全的地区，速裁程序的适用就越顺畅。例如，对比J省A、B两地做法可见，A市作为认罪认罚从宽制度的试点单位，工作起步早，对速裁程序的认识和接受度较高，经验积累也较多，尤为重要的是A市公安、检察、法院、司法行政部门先后出台了《值班律师工作制度》《常见犯罪量刑指导意见》等规范性文件，相关配套保障机制健全，公、检、法、司间协作配合运行流畅，而这正是两个地区之间速裁程序适用率差距颇大的主要原因所在。具体来讲，以B市为代表的一些地区认罪认罚案件速裁程序适用率偏低的原因主要在于：

（一）速裁程序的认识度和接受度不高

认罪认罚的提起在侦查和审查起诉阶段，《刑事诉讼法》及其适用规则规定了可以适用认罪认罚案件速裁程序的情形，提起的主体和方式可以是侦查机关建议、犯罪嫌疑人和辩护人主动申请、检察机关主动提起、审判机关建议适用。调研中发现，与A市相比，B市认罪认罚从宽制度工作起步较晚，无论是犯罪嫌疑人还是司法机关，均对速裁程序的认识度和接受度不高，导致速裁程序启动少、适用率较低。

犯罪嫌疑人、被告人对速裁程序认识度不高。犯罪嫌疑人、被告人认罪认罚与同意适用速裁程序是适用速裁程序的两项独立条件,[①]二者缺一不可。有些认罪认罚案件的犯罪嫌疑人和辩护人在审查起诉前并不了解速裁程序能带给犯罪嫌疑人的程序价值,一方面不能及时、主动提出适用速裁程序的申请,另一方面即使司法机关主动提出适用,得不到犯罪嫌疑人的同意,同样不能适用速裁程序。这些因素都会影响到认罪认罚案件速裁程序的适用。

司法机关对速裁程序接受度不高。司法实践中,部分司法人员认为引入认罪认罚从宽制度后新增了相关的认罪认罚工作,无形之中增加了工作量。特别是适用速裁程序的案件,部分司法人员认为办案期限被严格限缩,在同等单位时间内工作量的增加,尤其十日审结、当庭宣判的规定给审判人员提出了较高的要求,导致一些法院对适用速裁程序存在一定程度上的抵触,即使检察机关提出建议速裁程序办理,一般也不予采纳,基本还是适用简易程序,导致速裁程序适用率低。

(二)制度适用合力尚未形成

刑事诉讼涉及侦查、审查起诉、审判三个环节,提升速裁程序适用率,实现制度预期,离不开公、检、法、司各部门的通力协作。政法各机关单兵作战不仅浪费司法资源,而且影响诉讼效率,进而影响速裁程序的适用。实践中,由于信息不互通、提前介入不充分、配合取证意识不强等原因,一些简单案件因为证据问题无法适用速裁程序,降低了办案效率。

案卷流转慢也是影响速裁程序适用的重要因素。当前绝大部分刑事案件卷宗的流转仍处于纸质卷宗流转的阶段。从外部来看,公安机关提请检察机关批准逮捕、移送检察机关审查起诉、检察机关向法院提起公诉,均由人工报送纸质卷宗。从内部流转来看,卷宗还需在机关各内设机构之间流转,比如,检察机关案管部门收案以后才送交刑检部门,法院也是由立案部门立案后才送交刑事审判部门,多环节刑事卷宗流转缓慢制约了速裁程序诉讼效率的提升。

社会调查开展节点延迟。对可能判处管制、宣告缓刑、假释或者暂予监外执行的犯罪嫌疑人、被告人,依法需要由社区矫正机构执行社区矫正。然而,对于可能被判缓刑的案件,《指导意见》中,仅要求侦查环节明确犯罪嫌疑人是否认罪认罚,未要求开展社区矫正评估相关工作。若是在审查起诉环节再启动社区矫正评估相关工作,司法局进行社区调查需 10 个工作日(其中 3 日为司法局接收流转,7 日为司法所调查期限),而速裁案件办理期限仅有 10 天,社会调查节点延迟与速裁程序严格的办案期限存在矛盾关系,造成适用乏力。

---

① 陈永生:《认罪认罚从宽案件的程序转化》,载《检察日报》2020 年 4 月 13 日。

（三）相关配套保障机制不健全

值班律师制度待完善。目前，我国绝大部分地区值班律师基本只负责告知程序选择和简单的法律咨询，不能充分听取犯罪嫌疑人意见，仅参与量刑协商，不会作为辩护人出庭或提交书面辩护词。律师在诉前参与不足，直接影响速裁案件被告人在认罪协商中的理解程度和协商能力，使协商程序内容往往流于形式甚至出现极个别案件因为认罪认罚具结书的问题而导致变更诉讼程序，需休庭从速裁程序转为普通程序再次开庭。同时，在侦查、审查起诉、审判的不同阶段均可为犯罪嫌疑人、被告人安排值班律师提供法律帮助，这就导致值班律师的“阶段性”而非“全程性”，新指定的值班律师需重新走程序、了解案情，有损诉讼效率。

刑事和解制度待完善。认罪认罚从宽制度具有浓重的量刑协商色彩，根据法律规定，刑事和解中赔偿情况与量刑、非监禁刑的适用应当直接挂钩。然而，从司法实践来看，诸如故意伤害、交通肇事等案件双方当事人很难在短期内就赔偿、谅解等事项达成和解，导致无法适用速裁程序办理，速裁程序的效率性与和解、调解滞后性之间尚存在矛盾之处。

四、提升认罪认罚案件速裁程序适用率之司法应对

（一）进一步提升速裁程序的认识和接受度

加强犯罪嫌疑人、被告人权利义务告知，适度增加当事人自行申请刑事速裁程序的案件比例。对于选择认罪认罚并同意适用速裁程序的犯罪嫌疑人或被告人，应充分保障其诉讼权利，使其对被指控内容、所选择的诉讼程序及其法律后果均能形成自主性认知。在美国的辩诉交易制度中，专门对被告人权利告知设计了十分详细的告知清单。我国可借鉴该种做法，在侦查、审查起诉与审判各阶段分别对犯罪嫌疑人、被告人进行权利告知时，列明详细的权利事项与义务负担，使其充分了解程序设置，在进行程序选择的同时，增加启动速裁程序的概率。

司法机关可以探索通过合理确定考核指标、简化文书制作等举措提升司法人员对速裁程序的认识和接受度。探索将速裁程序适用率纳入案件质量综合考评指标体系，充分发挥考核“风向标”和“指挥棒”作用，提升司法人员对速裁程序适用的认识度。目前检察机关已经将速裁程序的适用率纳入案件质量评价指标体系，在考核指标设计上可以考虑将速裁程序适用率纳入绩效考核“关键方面评价”，通过构建科学、合理的考核考评体系，加大适用速裁程序推进力度，提高检察官适用速裁程序的积极性。

构建符合速裁程序特点的适用要求与办案程序。一方面，建议明确司法机关适用速裁程序的“优先次序”。当案件同时符合简易程序、速裁程序的适用条件时，应优先选择速裁程序；在案件不符合速裁程序的适用条件时，才可以考虑适用简易程序。这样，速裁程序与简易程序合理分工、有先有后、互相补强、兼容并用，共同推动刑事案件办理质效。

另一方面,进一步细化速裁程序规定。建构成熟、简化、更具有可操作性的规制,降低司法工作人员适用速裁程序的工作量和工作强度。如引入简化版案件审查报告、实行表格式裁判文书等举措,进一步简化司法机关工作流程,减轻速裁程序工作量,提升司法人员对速裁程序的接受度。

(二)构建协作配合一体化办案机制

侦查、起诉、审判机关在适用速裁程序上加强协作配合。公、检、法三机关加强对常见刑事速裁案件的统一认识,明确常见可能判处缓刑或者判处拘役并启动速裁程序的罪名和范围,利用大数据和信息化手段制定证据标准指引。检察机关应当加强对常见刑事速裁案件的提前介入,确保侦查机关能规范取证,并及时建议适用刑事速裁程序。有条件的地区,建议法院建立速裁庭,对认罪认罚速裁案件集中立案、集中庭审、配合检察院确定刑量刑建议、当庭宣判,提高速裁程序审理数量,实现公、法、检"多赢共赢"的新局面。

推进政法业务协同平台建设,提升案件流转速率。充分借助信息化、大数据的智能辅助办案系统,就普通罪名强化电子卷宗质量进行协商沟通,促进政法业务信息的互联互享。打破政法各单位信息系统独立、封闭的现状,在政法机关之间实现电子卷宗、法律文书等办案信息的及时、快速、全程网上流转,减少人为的延误与传统路途耗费时间,实现办案信息数据实时共享与网上传递,有效减少案件流转对速裁案件办理的负面性影响。

实现社会调查前置化。对可能判处管制、宣告缓刑、假释或者暂予监外执行的犯罪嫌疑人,公安机关在侦查终结前、检察机关在审查起诉阶段就应当及时委托司法行政机关开展调查,调查报告应当随卷移送。尤其在审查起诉阶段,检察机关与犯罪嫌疑人达成量刑具结前,对于考虑建议适用非监禁刑的,应及时委托司法行政机关开展社会调查。司法行政机关缩短社会调查时间,出具调查报告,公安机关移送审查起诉的同时,随卷移送社会调查报告,从而有效提高后续诉讼的效力,确保速裁程序案件在 10 日内审结。

(三)健全速裁程序配套保障机制

完善值班律师制度。认罪认罚制度是合作性司法的一种表现形式,①其最大创新之处在于体现了协商性。② 律师的充分介入不仅有利于促进司法公正,同时也避免了犯罪嫌疑人具结不充分而影响后续诉讼活动。一是明确阅卷权。赋予值班律师阅卷权,使其在了解卷宗材料情况下,提出有针对性的意见,帮助犯罪嫌疑人与控方进行量刑协商,从而实现认罪和认罚的自愿性和明知性。二是实现全程法律帮助。要求在各诉讼阶段,对同一犯罪嫌疑人、被告人提供法律帮助原则上应由同一名值班律师行使,以避免不必要

---

① 参见朱孝清:《认罪认罚从宽制度的几个问题》,载《法治研究》2016 年第 5 期。

② 参见叶青、吴思远:《认罪认罚制度的逻辑展开》,载《国家检察官学院学报》2017 年第 1 期。

的重复劳动。三是组建较为稳定的值班律师队伍。在检察机关、看守所等设立常态值班窗口,为值班律师全程参与提供便利。

探索赔偿担保机制。对故意伤害、交通肇事等案件双方当事人难以在短期内就赔偿等事项达成和解的案件,可尝试运用赔偿担保机制适用速裁程序。对于犯罪嫌疑人认罪认罚,有赔偿能力且有赔偿意愿,但由于被害人或其家属的不合理诉求等原因,而导致未能及时达成调解协议的,在犯罪嫌疑人向检察机关提供其具有赔偿能力证明、表明赔偿意愿,并向公安机关缴纳一定数额的赔偿保证金后,可建议适用速裁程序,同时注重做好释法说理工作。

《认罪认罚具结书》内容的具体化

徐贞庆*

摘要:《认罪认罚具结书》在认罪认罚从宽制度中具有重要地位,其本质是检察机关与犯罪嫌疑人达成的契约。引入控辩双方的平等协商机制是保障认罪认罚从宽制度正当性的重要措施。值班律师制度目前尚不完善,没有为犯罪嫌疑人提供有效的法律帮助。目前,检察机关可以通过对《认罪认罚具结书》的内容和结构进行调整,保障犯罪嫌疑人的知情权和认罪认罚的自愿性,实现双方平等协商。

关键词:认罪认罚具结书　值班律师　平等协商

《认罪认罚具结书》是我国司法改革进程中出现的新生事物,处于认罪认罚从宽制度中的核心地位。① 以往犯罪嫌疑人在面临办案人员"坦白从宽"的政策宣讲时,由于适用结果的不确定性,很容易将其理解为一种套取口供的策略,产生对抗情绪,不愿主动认罪。《认罪认罚具结书》的出现,让"坦白从宽"从一种口头承诺变成了一种有检察机关担保的文书契约,具有了更多的规范性和约束性,增加了犯罪嫌疑人获得可预期结果的信心,从而具有了更多的制度保障和程序意义,有利于认罪认罚从宽制度在实践中的推广和适用。

一、《认罪认罚具结书》的本质是契约

从内容来看,《认罪认罚具结书》包括"犯罪嫌疑人身份信息""权利知悉""认罪认罚内容""自愿签署声明"四部分内容,具体表现为检察机关指控犯罪嫌疑人构成犯罪,并提出一定的量刑建议,犯罪嫌疑人认罪并接受检察机关提出的量刑建议。② 在刑事诉讼过

---

* 徐贞庆,江苏省江阴市人民检察院检察官。

① 参见刘原:《认罪认罚具结书的内涵、效力及控辩应对》,载《法律科学》2019 年第 4 期。

② 参见《人民检察院刑事诉讼法律文书格式样本(2020 版)》。

程中作为控辩双方的检察机关与犯罪嫌疑人通过协商签署《认罪认罚具结书》,对《认罪认罚具结书》上的内容予以认可和接受,结束双方的对立,在认罪认罚层面达成一致,并将此内容固定下来,体现的是一种契约精神。

从结果来看,《认罪认罚具结书》的成立和生效能够为检察机关和犯罪嫌疑人带来一定的预期利益。如果犯罪嫌疑人在以后的诉讼过程中继续承认其被指控的犯罪事实并接受检察机关提出的量刑建议,为检察机关指控犯罪提供便利,配合检察机关实现指控目标,可以简化诉讼程序,加快诉讼进程,节约司法资源。同时,检察机关提出具体明确的量刑建议,保证犯罪嫌疑人获得能够接受的实体判决结果,结束其长期受困于不可预期的刑罚带来的焦虑状态,如此反映出来的诚信互利思想符合契约的要义。

从效力来看,《认罪认罚具结书》的签署对检察机关和犯罪嫌疑人都具有一定的约束力。检察机关应当按照《认罪认罚具结书》上认定的罪名和事实予以指控,并向法院提出《认罪认罚具结书》载明的量刑建议。犯罪嫌疑人应当在以后的诉讼过程中认罪认罚,不再针对上述事实和量刑建议提出异议。同时《认罪认罚具结书》上的量刑建议对法院具有较强的约束力。根据法律规定,认罪认罚案件中,没有特殊情况,法院应当采纳检察机关提出的量刑建议。法律之所以强制要求法院采纳量刑建议,是因为认罪认罚案件中的量刑建议是检察机关在查清案件事实基础之上与犯罪嫌疑人达成的一致意见,具有契约上的约束力。法院没有特殊情况不应当打破双方业已形成的契约。

二、《认罪认罚具结书》形成的基础是平等协商

协商属性是认罪认罚从宽制度的支点,认罪认罚从宽制度逻辑本身应当包含有“协商”的内容。① 引入控辩双方的协商机制是认罪认罚从宽制度不可回避的一项改革配套措施。②《认罪认罚具结书》契约合意的本质,必然要求检察机关和犯罪嫌疑人一方在一种平等的环境里进行控辩协商,并最终完成《认罪认罚具结书》的签署。如何保障犯罪嫌疑人具有协商能力已然成为考量认罪认罚从宽制度正当性的重要因素。③ 针对如何保障犯罪嫌疑人具有平等协商能力,诸多学者围绕值班律师制度提出了自己的见解。有的学者从落实值班律师制度,赋予值班律师必要的辩护权利的角度来实现双方平等协商。④ 有的学者建议赋予值班律师“准辩护人”的身份,突出其“量刑结果协商者”及“诉讼程序监督者”的功能定位。⑤

值班律师制度尚在创建初期,很多规范还不完善。值班律师在侦查阶段不介入、审

① 参见王戳:《认罪认罚从宽的程序性推进》,载《华东政法大学学报》2017 年第 4 期。
② 参见陈瑞华:《认罪认罚从宽制度的若干争议问题》,载《中国法学》2017 年第 1 期。
③ 参见钱春:《认罪认罚从宽制度的检视与完善》,载《政治与法律》2018 年第 2 期。
④ 参见贾志强:《论“认罪认罚案件”中的有效辩护》,载《政法论坛》2018 年第 2 期。
⑤ 参见姚莉:《认罪认罚程序中值班律师的角色与功能》,载《法商研究》2017 年第 6 期。

查起诉阶段不会见、不阅卷，缺乏履职的具体内容及途径，充其量只是服从司法局的工作安排，在检察机关实施认罪认罚从宽制度过程中充当见证人，保障犯罪嫌疑人认罪认罚的自愿性。而且，值班律师获得的报酬与自行收案时的费用相比明显较低，无法吸引有经验的律师提供高质量的法律帮助。从实践来看，值班律师履职的积极性、主动性还存在一定的疑问。[①] 综上，当前值班律师为犯罪嫌疑人只是提供了形式上的法律帮助，还称不上是“有效”的法律帮助，认罪认罚案件中的有效辩护仍处于“缺位”状态。[②]

另外，认罪认罚从宽制度推行的主要目的在于合理配置司法资源，使检察机关与犯罪嫌疑人对定罪量刑没有争议的轻微刑事案件得到快速的审理和裁判，保障司法机关将有限的司法资源投入那些重大、复杂、疑难和犯罪嫌疑人不认罪的刑事案件之中。[③] 平等协商的达成不能损害认罪认罚从宽制度目的的实现。而且认罪认罚案件的证明标准并没有降低，必须达到事实清楚、证据确实充分。实践中，检察机关与犯罪嫌疑人一方就案件事实一般不会产生争议，在这种情况下，赋予值班律师与辩护人一样的权利，允许其阅卷、会见犯罪嫌疑人等，虽然在一定程度上可以保障其更加有效地履职，但并无更多实用性价值，诉讼程序反而会因此变得烦琐，认罪认罚从宽制度实现司法效率的价值受到减损。办案人员也会因为适用认罪认罚从宽制度不具有提高司法效率的优势而缺乏适用该制度的积极性，[④]影响认罪认罚从宽制度的长远发展。

犯罪嫌疑人一方是否具备充分的协商能力是认罪认罚从宽制度运行的关键，是签署《认罪认罚具结书》的前提，也是值班律师制度产生的必要所在。值班律师制度尚在发展完善过程当中，而认罪认罚从宽制度在司法实践中已经如火如荼地开展，远水解不了近渴，与其等待值班律师制度的完善，不如从认罪认罚制度本身涉及的其他工作程序入手，实现检察机关与犯罪嫌疑人一方的平等协商。平等协商可以理解为有效协商，是双方在充分了解各自权利义务的前提下，在对案件事实没有争议情况下的真实意思表示。如果犯罪嫌疑人是在不明白、不理解的情况下签署检察机关提供的《认罪认罚具结书》，则很难说双方实现了平等协商，认罪认罚的自愿性也会受到质疑。检察机关如果能够保障犯罪嫌疑人的知情权及认罪认罚的自愿性，也就达到了平等协商的效果。

三、《认罪认罚具结书》内容与结构的调整

《认罪认罚具结书》作为由检察机关承诺、犯罪嫌疑人签署的文书，在认罪认罚从宽

---

① 实践中有的律师明确表示不愿意做值班律师，让检察机关不再安排其作为值班律师；有的值班律师虽然到场但一直忙于打电话、接电话，对值班律师的工作并不认真。

② 参见贾志强：《论“认罪认罚案件”中的有效辩护——以诉讼合意为视角》，载《政法论坛》2018 年第 2 期。

③ 参见陈瑞华：《认罪认罚从宽制度的若干争议问题》，载《中国法学》2017 年第 1 期。

④ 参见国家检察官学院刑事检察教研部课题组：《检察机关认罪认罚从宽制度改革试点实施情况观察》，载《国家检察官学院学报》2018 年第 6 期。

制度中具有特殊的地位，是实现双方信息交换的一个重要渠道，也可以成为双方平等协商的载体。目前，《认罪认罚具结书》的内容过于简单，仅仅是起到了保障认罪认罚自愿性的作用，尚未实现其信息交换的价值，所以需要值班律师为犯罪嫌疑人提供法律帮助。因此，改造《认罪认罚具结书》的内容与结构，让《认罪认罚具结书》本身具有告知犯罪嫌疑人一方相应内容的功能，保障犯罪嫌疑人在完全知情的情况下自愿签署《认罪认罚具结书》，可以实现检察机关与犯罪嫌疑人一方的平等协商。

（一）双方主体的平等地位应当在《认罪认罚具结书》中予以体现

在《认罪认罚具结书》格式样本中，签署主体为犯罪嫌疑人及值班律师，对于检察机关，仅记载名称。按照契约精神的要求，在《认罪认罚具结书》的形式上，应当体现主体平等性。因为《认罪认罚具结书》不仅包含犯罪嫌疑人认罪认罚的表示，还包括检察机关对指控犯罪事实和量刑建议的承诺，在《认罪认罚具结书》的尾部应当添加案件承办人签字确认的位置，并加盖办案机关的公章，体现《认罪认罚具结书》的权威性和公信力。另外，在保存方面，也应当体现出主体参与的平等性。目前，《认罪认罚具结书》只有两份，一份送人民法院，一份由检察机关存档，并不会交给犯罪嫌疑人及值班律师。从平等角度考虑，《认罪认罚具结书》应当给犯罪嫌疑人一份，使得双方对彼此承诺的内容都清楚明确，起到提醒双方遵诺守约的作用。

（二）指控的犯罪事实应当在《认罪认罚具结书》中予以明确

保障犯罪嫌疑人认罪正当性与供述选择自愿性的条件之一是犯罪嫌疑人一方全面了解案件信息，在知晓相应证据材料基础上经过权衡作出抉择。①《认罪认罚具结书》的格式样本中对指控的犯罪事实并没有详细的描述，而是以“犯罪事实”予以概括。这样的方式不仅背离了法律规范，而且为后续程序留下了隐患。一旦被告人在庭审中对起诉书指控的犯罪事实有异议，法庭会当然认定被告人对《认罪认罚具结书》反悔，导致程序回转。但是，《认罪认罚具结书》没有清楚地记录起诉书指控的犯罪事实，被告人的这种反悔仅是指对起诉书指控的犯罪事实的反悔，而非对《认罪认罚具结书》的反悔。另外，犯罪嫌疑人在《认罪认罚具结书》中认可一种抽象的犯罪事实，并不能够说明犯罪嫌疑人对起诉书指控的具体犯罪事实已经了解并予以承认。因此，为保障犯罪嫌疑人一方全面地享有知情权，《认罪认罚具结书》中应当具体记载起诉书予以指控的罪名及犯罪事实，具体应当在《认罪认罚具结书》格式样本第三部分“认罪认罚内容”第一条下面附上起诉书指控的罪名及犯罪事实。

（三）量刑建议得出的过程应当在《认罪认罚具结书》中予以展现

在《认罪认罚具结书》格式样本中，量刑建议直接以结果的方式出现，对于量刑建议

---

① 参见赵恒：《认罪及其自愿性审查：内涵辨析、规范评价与制度保障》，载《华东政法大学学报》2017 年第 4 期。

得出的过程以及原因,检察机关并未予以解释说明。如此,犯罪嫌疑人就可能产生"为什么量刑建议这么重"的疑问,甚至可能觉得认罪认罚并未从宽,而是从重,导致犯罪嫌疑人对检察机关产生不信任,不利于认罪认罚从宽制度的推广适用。因此,检察机关应当在《认罪认罚具结书》中清楚地说明量刑建议得出的过程。首先,检察机关应当根据本案涉及的罪名及犯罪事实确定法定刑,并将相应的法条在《认罪认罚具结书》中予以注明;其次,检察机关应当结合犯罪事实确定犯罪嫌疑人的基准刑,确定的标准为本地司法机关的量刑指导意见;最后,检察机关应当综合考虑本案的全部量刑情节,得出最后的量刑建议。整个过程可以以表格的形式予以展现(如表 1 所示)。犯罪嫌疑人一方通过表格可以清楚地看到量刑建议得出的过程,便于其提出不同的意见,能够增加其对量刑建议的认可度,有利于其认罪认罚。

表 1 量刑建议得出过程

法定刑:(法律条文)	基准刑:(量刑指导意见)
自首:从轻或者减轻比例	从犯:从轻或者减轻比例
立功:从轻或者减轻比例	赔偿谅解:酌定从轻比例
退出违法所得:酌定从轻比例	累犯:从重比例
前科劣迹:从重比例	认罪认罚:从宽比例
量刑建议	

检察环节法律援助值班律师制度运行现状研究

肖　楠　江黎黎　丁　辉*

摘要：值班律师制度作为新写入《刑事诉讼法》的一项制度，自实施以来，在加强人权司法保障、提高诉讼效率、节约司法资源等方面发挥了重要作用。但由于实施时间尚短，该制度在具体运行中还存在一些问题和不足，在一定程度上影响和制约了值班律师作用的发挥。建议通过在检察机关派驻值班律师，加强配套衔接机制，加强培训考评，以及建立公职法律援助值班律师等方式路径，进一步完善值班律师制度。

关键词：值班律师　法律设计　运行现状　困境　完善路径

值班律师制度是2018年《刑事诉讼法》修改中的一大特色和亮点。实际上，早在2006年7月，司法部法律援助中心就提出了“探索建立法律援助值班律师试点项目”，并在一些省市进行了试点。2017年8月，最高人民法院、最高人民检察院、公安部、国家安全部、司法部联合发布了《关于开展法律援助值班律师工作的意见》（以下简称《意见》），明确规定“法律援助机构在人民法院、看守所派驻值班律师，为没有辩护人的犯罪嫌疑人、刑事被告人提供法律帮助”。2018年10月26日，《刑事诉讼法》进行修改，正式把“值班律师”内容写入了法律。这对于更好地发挥值班律师在加强人权司法保障中的作用具有重要意义。但由于修改后《刑事诉讼法》实施时间尚短，法律援助值班律师制度在实际运行中仍然存在一些问题和不足，在一定程度上影响和制约了值班律师作用的发挥。课题组立足检察工作实际，着重对法律援助值班律师制度的运行现状及困境进行分析，从而探讨检察环节如何进行制度完善。

* 肖楠，江苏省连云港市连云区人民检察院党组书记、检察长；江黎黎，江苏省连云港市连云区人民检察院第一检察部主任；丁辉，江苏省连云港市连云区人民检察院第三检察部副主任。

一、法律援助值班律师制度的法律设计及定位

《刑事诉讼法》第三十六条、第一百七十三条及第一百七十四条对值班律师的工作内容进行了规定，为规范值班律师工作开展提供了法律依据和制度保障。《刑事诉讼法》第三十六条第一款规定："法律援助机构可以在人民法院、看守所等场所派驻值班律师"。对于在人民检察院是否可以派驻值班律师，因法律尚未对"等场所"进行界定，目前并没有明确说法，由各地根据工作实际自行把握。实践中，有不少地方已经开始探索在人民检察院派驻值班律师，以满足检察实务工作需要。例如，江苏省人民检察院、江苏省司法厅于 2019 年 1 月 30 日联合印发了《关于在人民检察院派驻法律援助值班律师的意见》，明确了"法律援助机构根据人民检察院实际工作需要，通过设立法律援助工作站等形式，在人民检察院派驻值班律师，为未被羁押的没有辩护人的犯罪嫌疑人、被告人提供法律帮助"。

根据《刑事诉讼法》和《意见》的规定，值班律师的工作职责在实践中比较常见的主要包括以下几项：为没有委托辩护人且法律援助机构没有指派律师为其提供辩护的犯罪嫌疑人、被告人提供相关法律帮助；犯罪嫌疑人、被告人自愿认罪认罚的，对检察机关定罪量刑建议等提出意见；犯罪嫌疑人签署《认罪认罚具结书》时值班律师在场。总体来看，值班律师所提供的法律帮助服务主要具有以下两个特点：一是服务内容的初步性。即主要提供法律咨询、申请变更强制措施等初步的、低限度的服务，对于是否可以提供出庭辩护服务的问题，根据《意见》的规定，"法律援助值班律师不提供出庭辩护服务。符合法律援助条件的犯罪嫌疑人、刑事被告人，可以依申请或通知由法律援助机构为其指派律师提供辩护"。也就是说，值班律师不能取代辩护律师对案件办理作实质性的深度介入。二是服务对象的广覆盖性。值班律师的服务对象是所有犯罪嫌疑人、被告人，即只要是没有委托辩护人、法律援助机构没有指派律师为其提供辩护的犯罪嫌疑人、被告人，均可以获得值班律师的帮助，且其获得值班律师帮助无任何条件的限制，不需要考虑经济状况、涉及的罪名、可能被判处的刑罚以及认罪态度等。

二、法律援助值班律师制度的运行现状及困境

作为认罪认罚从宽制度的基础性配套制度之一，值班律师制度在保障犯罪嫌疑人、被告人的诉讼权利方面发挥着重要作用，[①]但在实际运行过程中，也存在配备数量偏少、价值未能完全发挥以及配套保障机制缺失等问题。

（一）值班律师配备数量不足，难以保障现实办案需求

由于修改后《刑事诉讼法》实施时间不长，一些地方实施法律援助值班律师制度的条

---

① 参见申惠丹：《值班律师制度：现实困境与完善路径——以认罪认罚从宽制度为视角》，载《牡丹江大学学报》2019 年第 7 期。

件尚不成熟，导致目前值班律师的配备数量相对较少。以L区情况为例：L区检察院平均每年办理的审查起诉案件约为400件，其中，犯罪嫌疑人、被告人有辩护人的约占20%，没有辩护人的案件约为320件；L区法律援助机构目前总共配备了4名值班律师（其中，1名值班律师固定值班，在其无法履职的情况下，由其他3名值班律师轮流值班），计算下来，1名值班律师平均每年要办理的提供法律帮助案件数量约为80件。实际上，固定值班律师一年要提供法律帮助的案件远不止80件。另外，刑事案件数量的逐年增加使我国法律援助案多人少的矛盾更加尖锐，[①]值班律师配备不足、工作量大，难以满足现实办案需求，是影响和制约其作用发挥的重要因素。

（二）值班律师履职时间难保证，容易导致履职形式化

一是值班律师往往身兼数职。值班律师是由法律援助机构从社会律师和法律援助机构律师中选任，除了接受法律援助机构的安排提供值班律师服务外，其还要承担自身的律师业务或者法律援助业务，在二者存在冲突时，势必会影响其履职时间。二是值班律师工作量大。如前所述，由于存在案件量大、值班律师少的现实矛盾，导致值班律师的平均履职时间变少，也会影响履职效果。三是检察机关告知不够及时。实践中，检察机关有时在签署《认罪认罚具结书》的前1~2天，才将《提供法律帮助建议函》等文书送达值班律师，未能给值班律师留出足够的会见、阅卷时间，也会造成值班律师履职的仓促性，导致履职形式化。四是速裁案件集中办理数量大时间紧。对于没有辩护人的速裁案件，检察机关应当依法听取值班律师的意见，并在值班律师在场的情况下组织犯罪嫌疑人签署《认罪认罚具结书》。实践中，检察机关通常对一二十件速裁案件实行集中办理，在这种情况下，留给值班律师了解案情的时间非常有限，也会影响其作用的有效发挥。

（三）公、检、法、司未能形成有效协作机制，影响值班律师作用发挥

根据《刑事诉讼法》和相关文件规定，凡是没有委托辩护人、法律援助机构没有指派律师为其提供辩护的犯罪嫌疑人、被告人，均可以获得值班律师的帮助。然而，在实务工作中，一些地方将值班律师的服务对象范围仅仅局限在认罪认罚的犯罪嫌疑人、被告人，并未做到全覆盖，法律援助机构也没有针对未能获得法律帮助的人员数量及原因进行相关调研、统计分析和通报反馈，这就导致值班律师制度在实际执行中打了折扣。此外，实践中还存在很多争议问题，目前尚没有相关文件予以明确。例如，对于同一案件当事人在侦查阶段、审查批捕及审查起诉阶段、审判阶段均提出法律帮助需求的，值班律师应当如何安排？若安排不同的值班律师，重复进行阅卷、了解案情等工作是否可能导致值班律师资源浪费？不同值班律师对于案件处理存在不同意见时，是否可能干扰或误导犯罪嫌疑人、被告人判断？若安排同一值班律师，是否会出现值班律师难以调配的问题？等等。

---

① 参见程衍：《论值班律师制度的价值与完善》，载《法学杂志》2017年第4期。

（四）值班律师待遇保障落实不到位，影响值班律师履职积极性

关于值班律师的待遇保障，各地一般根据工作实际情况自行把握、制定出台相关政策。例如，江苏省人民检察院、江苏省司法厅《关于在人民检察院派驻法律援助值班律师的意见》中就对值班律师的待遇保障问题作出了明确规定："人民检察院应当为值班律师提供必要的办公场所、设施及工作保障。对派驻的值班律师给予适当经费补助，相关经费纳入年度经费预算。定期将经费补助支付到法律援助中心指定账户，由法律援助中心统一发放。经费补助的具体标准，由各地检察院与同级司法行政机关协商确定。"但是，在实践中，还有一些地方尚未明确对值班律师的待遇保障，没有为值班律师提供经费补助或者补助偏低，有些值班律师完全是倒贴成本，这将会影响值班律师工作的积极性和服务质量。①

三、检察环节法律援助值班律师制度的完善路径

（一）在人民检察院派驻法律援助值班律师，充分保障值班律师履职便利

对于审查逮捕案件和犯罪嫌疑人、被告人被羁押的审查起诉案件，因法律援助机构一般在看守所派驻了值班律师，可以根据犯罪嫌疑人、被告人需求为其提供法律帮助服务。对于犯罪嫌疑人、被告人未被羁押且没有辩护人的审查起诉案件，则需要检察机关通知值班律师为其提供法律帮助。因此，如果法律援助机构在人民检察院派驻值班律师，可以大大增加检察环节开展值班律师工作的便利性。实际上，江苏省已经率先对这项工作进行了探索，如前所述，江苏省人民检察院、江苏省司法厅《关于在人民检察院派驻法律援助值班律师的意见》对在人民检察院派驻法律援助值班律师工作进行了明确规定。连云港市人民检察院、连云港市司法局也结合本市工作实际，于 2019 年 4 月 12 日联合印发了《关于在人民检察院派驻法律援助值班律师的意见》。实践证明，在人民检察院派驻法律援助值班律师是有必要的，也是可行的。

（二）推动公、检、法、司形成配套衔接机制，有效发挥法律援助值班律师作用

一是建立值班律师工作联席会议制度。公、检、法、司各部门要进一步加强沟通联系，定期组织召开联席会议，及时沟通值班律师工作情况，并指定专人担任值班律师工作联络员，做好值班律师提供法律帮助情况记录，定期通报。二是建立值班律师工作问题会商机制。对于值班律师制度在运行中存在的问题以及各部门有分歧有争议的问题，通过座谈会、分析研讨会等多种形式，共同探讨解决对策，达成共识，并适时出台相关文件。三是建立值班律师联动服务机制。联合开展法律帮助需求调研，对于律师资源短缺的地区和单位，由法律援助机构统筹协调在人民法院、看守所、人民检察院等场所派驻值班律师。各地也可以根据办案需要，整合值班律师和其他律师资源，保障值班律师工作正常

① 参见张莹：《探析我国值班律师制度运行之困境》，载《职工法律天地》2018 年第 4 期。

有序开展。四是建立值班律师工作信息共享机制。公、检、法、司各部门充分发挥各自业务系统和政法协同平台作用,将值班律师提供法律帮助的案件情况等信息及时录入系统,并定期汇总、通报,做到信息共享、互相监督,也为开展值班律师工作调研提供可靠的数据支撑。

(三)加强法律援助值班律师培训考评工作,督促值班律师依法履职

对于值班律师的培训考评工作,应当以法律援助机构、司法行政机关为主,人民法院、看守所、人民检察院等值班律师所驻单位为辅。一是要加强对值班律师的业务指导与培训。法律援助机构要制订值班律师培训计划,定期开展法律实务技能培训,尤其是法律专业知识及执业纪律等方面的培训,并经常性对值班律师工作运行进行业务指导,不断提高值班律师服务能力和水平。必要时,人民法院、人民检察院等单位可以提供相关协助。二是要加强对值班律师的日常监督与管理。司法行政机关要定期运用征询所驻单位意见、当事人回访等措施,了解值班律师履职情况、服务质量以及是否存在招揽案源、介绍有偿服务等违反职业道德和执业纪律的行为,对值班律师实行动态化监督管理,从而选配更加称职的值班律师。三是要加强对值班律师的年度考核与评价。法律援助机构应当建立值班律师档案,及时将值班律师履行职责、参加培训、表彰奖励、处罚惩戒等情况记入档案,并联合所驻单位对值班律师进行年度考核,提出称职、基本称职或者不称职的考核等次意见,并向律师协会通报。律师协会要将值班律师履职情况纳入律师年度考核及律师诚信服务记录,从而督促值班律师更好地履职。

(四)探索建立公职法律援助值班律师制度,实行政府购买服务

所谓公职律师,根据司法部 2018 年 12 月 13 日印发的《公职律师管理办法》的规定,是指"任职于党政机关或者人民团体,依法取得司法行政机关颁发的公职律师证书,在本单位从事法律事务工作的公职人员"。《意见》第九条中规定:"对于律师资源短缺的地区和单位,法律援助机构要根据律师资源和刑事法律援助需求等,统筹调配律师资源,探索建立政府购买值班律师服务机制,保障法律援助值班律师工作正常有序开展。"值班律师作为一项新规写入《刑事诉讼法》的制度,可以预见其需求量在日后会不断增大。建立一支专业的公职值班律师队伍,能更好地满足现实办案需求,保障犯罪嫌疑人、被告人的诉讼权利,具体来说,主要有以下几点优势:一是可以有效解决值班律师数量少、履职时间无法保证的问题。公职值班律师是由政府统一招录、统一管理的专职值班律师,政府还可以根据工作需要,对公职值班律师在所属各单位之间进行统筹调配。这样,公职值班律师履职就有了充分的时间保障。比如,如果在检察机关配备了公职值班律师,在工作时间,当事人可以随时找到值班律师提供法律帮助,检察官也可以随时组织犯罪嫌疑人在值班律师在场的情况下签署《认罪认罚具结书》,从而大大提高工作效率。二是可以有效避免值班律师利用工作便利招揽案源等违反执业纪律问题。公职值班律师根据委托或者指派办理法律事务,受公职人员纪律约束,不得对外提供有偿法律服务,不得在律师

事务所等法律服务机构兼职,不得以律师身份办理所在单位以外的诉讼或者非诉讼法律事务。工作的专职性,可以有效降低公职值班律师招揽案源的可能性。三是可以有效保障法律援助值班律师的薪酬待遇问题。公职值班律师是由政府购买服务,其薪酬由政府财政支付,并可以享受公职人员的福利待遇,收入比较稳定、有保障。这也可以在一定程度上保障其工作积极性,有利于更好地发挥值班律师作用。

公告送达程序检察监督实践路径和完善建议

蔡　婷　陈义志*

摘要：公告送达作为一种法律拟制的程序，属于推定送达，但法院在进行公告送达中存在适用公告情形不当、送达文书内容不规范等问题，而公告送达制度也存在费用高、周期长、救济程序匮乏的先天缺陷，严重影响当事人合法权益。对此，检察机关依法可以对司法实践中法院存在的问题进行法律监督，并针对公告送达的制度缺陷，提出完善建议，督促送达工作规范高效开展。

关键词：公告送达　监督路径　完善建议

公告送达，是指受诉法院在符合"受送达人下落不明或采用其他送达方式无法送达"的法定前提时，将需送达的诉讼文书的主要内容予以公告，在经过特定期限的公示阶段后，视为已经把文书送达给应受送达人，从而发生送达的法律后果。① 一些法院在司法实践中进行公告送达的随意性较大，容易导致受送达人诉讼权利受到损害，影响审判活动的公正性和权威性。检察机关作为法律监督机关，应当更好地履行民事诉讼监督职能，推动公告送达制度依法有效落实，提升诉讼效率，强化司法公正。

一、公告送达程序司法实践存在的问题

（一）适用公告送达的情形不当

按照《民事诉讼法》第九十二条的规定，适用公告送达的条件为受送达人下落不明，或是穷尽其他送达方式无法送达。实践中存在下列问题：

1. 对"下落不明"的标准把握不一致。下落不明，是指自然人离开最后居所而失去音讯的情况，而如何证明自然人离开住所没有音讯，是需要原告向法院提供书面证言，还是

---

* 蔡婷，江苏省仪征市人民检察院第五检察部检察官助理；陈义志，江苏省仪征市人民检察院第五检察部主任。

① 参见姜启波、张力：《民事审前准备》，人民法院出版社 2005 年版，第 98 页。

居委会、村委会,公安机关出具证明,抑或法院赴被告住所调查是否能够达到证明被告人下落不明的标准,在司法实践中莫衷一是。[①] 即便是法院调查,但有的法官仅因邮政机构送达不能或多次无法联系无人接听就直接推定受送达人为下落不明,有的法官仅简单询问受送达人的近亲属或户籍所在地、经常居住地邻居后即认定受送达人下落不明,有的法官对当事人提交的被告人下落不明材料未经审查真伪就直接予以公告送达。

2. 在未穷尽其他送达方式时公告送达。一是径行适用公告送达。如某县法院审理一起民间借贷纠纷案时,在向两名被告人送达诉讼文书时没有采取直接送达、邮寄送达等方式即直接适用公告送达,导致未查清两名被告人早已离婚的事实,涉案债务系丈夫一方个人债务,致使错判妻子承担连带责任,审判人员被该院给予通报批评。二是直接送达不规范而导致适用公告送达违法。有的法官在直接送达法律文书被当事人同住的成年家属拒收后,未依法先行适用留置送达,而是直接进行公告送达;有的法官对当事人有两个地址的,在发现其中一处地址不能送达后即直接公告送达。三是虚化邮寄送达。有的法官对邮寄送达的责任心不强,邮政专递未能按照规定"五日三投",面对当事人留有联系电话的情况,对邮递员是否注明联系核实的情况不予认真审核,直接以邮寄送达未成功为由进行公告送达。[②]

3. 直接不适用公告送达程序。有的法官在当地基层组织已经出具下落不明证明,依法应当公告送达的情况下,直接将相关法律文书留置送达给受送达人的近亲属。有的法官在非因受送达人过错导致无法向其送达起诉书副本、开庭传票以及证据等相关法律手续和材料的情况下,未依法进行公告送达而直接缺席判决,严重剥夺当事人辩论权利。

(二)公告送达方式存在缺陷

司法实践中,由于案多人少的矛盾突出,法院在进行公告送达有时只考虑"送"而不顾及"达"。

1. 登报送达效果不佳。法院基于刊登的简便快捷性,往往倾向选择登报进行公告送达。选择的载体,以江苏为例,主要是刊发在《江苏法制报》和《江苏经济报》。而这类专业性的报纸,普及率相对较低,受众范围比较狭小,公告以极小的字号刊登在报纸夹缝中,只能说是履行了送达的手续,完成了送达的程序,至于送达效果则在所不问。笔者查阅了仪征市人民法院 2016 年至 2018 年的 172 件公告送达案件,公告送达的被告都未出庭应诉。

2. 信息网络发布未实际发挥作用。根据相关司法解释,公告送达可以在信息网络等媒体上刊登公告,但囿于工作习惯、技术水平以及物力支持,一些法官对新技术的接受度

---

① 参见董少谋、闫向琼:《我国民事诉讼公告送达制度探究》,载《民事程序法研究》(第十七辑),厦门大学出版社 2017 年版。

② 参见罗恬漩:《司法改革背景下送达困境与出路——以 G 省基层法院的送达实践为例》,载《当代法学》2017 年第 3 期。

不高，对这类公告形式可能引发的诉讼风险抱有担忧，信息网络广泛覆盖的优势未能有效发挥。

(三)公告送达内容不规范

1. 送达的原因和经过未予记载。公告送达的原因证明了其适用的合法性与合理性，公告送达的经过则形成了每一项程序是否合法的佐证，其目的在于便宜事后审查，防止公告送达的滥用。而在笔者查阅的仪征市人民法院2016年至2018年的172件公告送达案件中，仅有18.7%的法官在卷宗中记载了公告送达的原因和经过。

2. 送达中未说明起诉要点和裁判内容。法院在公告时未能严格执行《最高人民法院关于适用〈中华人民共和国民事诉讼法〉的解释》第一百三十九条之规定，仅按照程序进行公告送达，而忽视对受送达人权利的保护，特别是对公告送达的起诉状副本与判决书，没有按照司法解释要求的“应当说明起诉要点和裁判主要内容”，在送达中予以说明，仅是概括性地将相关诉讼期限进行着重说明，影响了受送达人对案件情况的知情权。①

二、公告送达违法检察监督路径

(一)合理运用再审建议权

因公告送达错误导致受送达人没有出庭应诉，严重影响受送达人实体权益的情况，而法院未依法裁定再审，检察机关可以提出再审检察建议。如某法院办理了一起赵某诉某公司建设工程合同纠纷，法院以专递方式向该公司邮寄送达传票未果后，径行采取公告送达并缺席判决，属于严重程序违法，损害了当事人的诉讼权利。又如，上文中某县法院审理的民间借贷纠纷错用公告送达案，检察机关可运用再审检察建议进行监督。

(二)强化跟进监督及时提抗

检察机关针对法院公告送达严重程序违法损害当事人的诉权，发出再审检察建议法院不予采纳时，要及时做好跟进监督，对理由和依据充分的，足以证明原审判决不当的案件，及时向上级检察院沟通汇报，充分运用提请抗诉权，强化监督力度。如笔者办理的徐某海与曹某群、殷某民间借贷纠纷案，殷某与曹某群原系夫妻关系，在离婚前夕，殷某向徐某海借款30万元，但未如期归还，徐某海提起诉讼要求殷某与曹某群归还借款，法院直接向曹某群公告送达开庭传票后，缺席判决其承担连带责任。检察机关在监督中发现，法院公告送达违法，明显剥夺了当事人辩论权，在向法院提出检察建议未采纳时，及

① 当前，公告起诉状副本及开庭传票等内容的通用模板为：“本院受理原告某某诉你某某纠纷一案，现依法向你公告送达起诉状副本、应诉通知书、举证通知书合议庭组成人员通知书、开庭传票。自公告之日起经过60日，即视为送达。提出答辩状和举证的期限分别为公告期满后的15日和30日内。并定于举证期满后第3日上午9时(遇法定节假日顺延)在本院公开开庭审理，逾期将依法缺席裁判。”公告判决书的模板为：“某某人民法院受理原告诉你某某纠纷一案现已审理终结。现依法向你公告送达某某号判决书。自公告之日起60日内来本院领某法庭取民事判决书，逾期则视为送达。如不服本判决，可在公告期满后15日内，向本院上诉状及副本，上诉于某某中级人民法院。逾期本判决即发生法律效力。”

时跟进监督,提请上级检察院抗诉。该案经上级检察院抗诉后,上级法院裁定再审并提审。

(三)规范开展类案监督

检察机关对工作中发现的法院在审理民事案件时存在的适用公告送达不当、公告内容不规范、公告原因经过未记载等,而实体法律关系又不存在问题,当事人未申请检察机关监督的案件,可采取类案监督,列明法院存在的具体违法情形,建议依法按规定采取公告送达,促进法院规范这一普遍存在的违法情形。针对法院公告送达载体和送达方式落后等情形,可以根据《关于进一步加强民事送达工作的若干意见》的规定,提出改进工作的社会治理检察建议。建议可以探索利用大数据送达方式送达、社区网格送达、集中送达等方式。如建立公告送达统一电子平台,推出"网络电子送达""微信公告送达""电子诉讼文书送达平台"。

(四)依法做实"对人的监督"

如果法官存与当事人勾结,滥用公告送达情形,可根据《人民法院工作人员处分条例》第五十一条第二款"送达诉讼、执行文书故意不依规定。造成不良后果的,给予警告、记过或者记大过处分"的规定,书面建议法院纪检部门对相关法官给予处分。如果当事人恶意诉讼,不提供被告准确地址,导致法院无法送达,通过诉讼实现对当事权益的恶意侵犯,浪费司法资源的,可书面建议法院对当事人进行训诫、罚款或拘留等,起到有效的司法惩戒效果。

三、公告送达制度完善建议

除了以上法院在公告送达环节出现的问题,公告送达程序本身还有以下几点缺陷:一是公告送达费用高,多个环节均要收取费用,一般公告起诉到了执行阶段已达到近 2000 元,极大增加了当事人的诉讼成本。二是公告送达周期长,适用公告送达程序的案件最长可以在 10 个月内审结,提高了原告的诉讼成本,也给被告恶意拖延诉讼留下了空间。三是救济程序匮乏。公告送达生效后当事人唯一的救济途径就是申请再审,而如果申请再审时超过判决生效 6 个月,又不存在发现新证据等法定事由,当事人将陷入救济困境。结合司法实践中存在的问题,提出以下建议:

(一)明确公告送达适用标准

公告送达的严格适用,最首要的是明确受送达人"下落不明"证明责任,应坚持以原告证明为主、法院依职权调查为辅原则。原告通过上述方式无法取得被告"下落不明"的证据时,法院可依职权开展调查,以明确被告是否"下落不明",规范适用公告送达程序,严格防止"径行公告",最大限度地保障当事人诉权。

(二)建立公告送达"电子平台"

统一的公告送达"电子平台",可实现覆盖面广、知晓度高。建议可以借鉴"中国裁判文书网”的做法,在全国范围内建立“公告送达统一电子平台——中国公告送达网”,[①]由法院发布公告,既减免了当事人缴纳公告费用,也避免报刊送达存在的排队等待问题,[②]提高审案效率。

(三)合理确定公告送达期限

公告周期过长或过短,均不利于实现公告送达的预期效果,可适当缩短公告送达的周期,即统一规定为一个月公告期。为避免受送达人“知晓时间”上的紧迫性,可适当增加公告途径,如在统一的“电子平台”上公告的同时,还应以书面形式张贴于法院公告栏和受送达人住所地,兼顾效率与公平。

(四)完善公告送达救济程序

公告送达始终存在受送达人因“合理原因”不能知晓的因素,因此给予当事人一定的救济程序是防止矛盾激化的必要举措,可尝试将受送达人提出的对公告送达的异议列入当事人申请再审的事由,并将此种情形纳入“自知道或应当知道之日起六个月内提出”的立法规定中,防止申请方利用执行程序与申请再审的时间差恶意侵犯受送达人的权益,有利于解决“执行难”的法律问题。[③]

---

① 梁伟、刘炳杰、王海光:《建立“公告送达统一电子平台”的思考及路径设计》,载《山东审判》第234期。

② 因报刊版面有限,司法实践中,各地法院登报公告送达往往还需要排队等待空余版面,导致案件审查期限延长。

③ 参见魏晓慧:《民事诉讼公告送达研究》,郑州大学2015年硕士学位论文。

案例分析

非法侵入住宅罪的司法适用

——以一起侵入住宅后被害人因病致死案件为例

高雅婷　钱　鹏*

一、基本案情

某晚8时许，甲到王某家中（农村自建别墅）要债，拉开院子电动门后进入庭院。王某从家中出来后与甲发生争执、推搡，后被王某的妻子拉开。王某欲用棍子驱赶甲离开，被其妻劝阻并提议去家中商谈债务问题。在商谈过程中，王某情绪激动，突然趴在桌上昏迷，送至医院后抢救无效死亡。经尸检，死亡原因系重症冠心病急性发作致心功能衰竭死亡。

二、分歧意见

本案中的甲是否构成非法侵入住宅罪？

第一种观点，认为甲构成非法侵入住宅罪。理由是：甲在未经户主许可的情况下擅自闯入院落已是非法侵入，之后因双方发生争执诱发被害人突发疾病身亡，此死亡结果可作为判断非法侵入行为达到情节严重程度的评价标准。其一，结合案发的时间为夜晚，甲未经过王某及其家人的同意下擅自拉开电动门，这是侵入行为；其二，王某妻子邀请甲进屋看似自愿、主动的邀请，实际是一种被迫、无奈的选择，王某年老体弱，甲年轻力壮，双方力量悬殊较大，而此时非法侵入的状态一直持续当中；其三，从本案中双方

---

* 高雅婷，江苏省溧阳市人民检察院第一检察部检察官助理；钱鹏，江苏省溧阳市人民检察院检察委员会委员、中关村检察室主任、第一检察部主任。

的激烈争吵、继而引发王某的突然死亡，均可视为严重影响了王某与其家人的生活安宁。

第二种观点，认为甲不构成非法侵入住宅罪。持这种结论的理由也有争议：一种观点认为，本案中王某的死亡结果与非法侵入行为无刑法上的因果关系，未达到该罪名刑事规制上"情节严重"的程度。另一种观点则认为，甲的行为本身就不是非法侵入住宅行为，农村别墅的院子不是刑法意义上的"住宅"，而且王某的妻子主动喊甲进入别墅屋内商谈，难以认定为未经户主同意。

三、评析意见

本文支持第一种观点。非法侵入住宅罪在我国实务中适用率非常低，因为非法侵入住宅的犯罪往往以侵害住宅内的财产、身体、生命或者其他人格利益为目的，如非法侵犯他人住宅后从事盗窃、强奸、抢劫、杀人等犯罪活动。一般按照行为人旨在实施的主要罪行定罪量刑，不数罪并罚。[①] 那么，非法侵入住宅罪的法律适用空间在哪里，本文将以本案为切入点具体分析此罪名的适用条件。

（一）判断是否为"住宅"的两大标准：物理属性和生活属性

住宅是指供人生活居住的与外界相对独立、封闭的场所。从本质意义上理解，住宅应该具备两个基本属性：一是物理属性，住宅应当具有一定的相对封闭性。二是生活属性，住宅应当有供人生活、起居的功能，要求具有能够从事普通的日常生活的条件。

本案中，王某的自建别墅应该被认定为刑法所保护的"住宅"。第一，该别墅是在农村的自建房屋，由院子和屋子组成，并且安装了电动拉门用以阻隔外界，形成了相对封闭独立的单元，符合住宅的物理属性。同时，该别墅是王某及其家人用于生活休息的地方，符合住宅的生活属性。而别墅的院落属于住宅的一部分，甲从拉开电动门进入院内开始已经是侵入状态。第二，虽然在大多数地方，特别是在广大的农村，村民居住相对固定，亲戚邻里联系紧密，每个村的村民之间，甚至村与村之间联系都较为紧密，人们习惯了走门串户，并作为人与人交往和信息传递的主要方式。很多时候在农村，居民的住宅权意识并不很清晰。但是，这只是农村沿袭下来的生活习俗导致的居民住宅权意识不强，而不能因此就否定住宅本身的定义。西方有句谚语："风可进，雨可进，国王不能进。"虽然我国对私权利的保护没有像西方国家一样深入人心，但住宅权作为公民基本人权中重要的组成部分，住宅不受侵犯应得到应有的保护。第三，本案的案发时间是晚上八点多，在农村这个时间点很多村民已经关门休息，此时的住宅的生活性功能尤为明显。所以，甲在没有经过主人同意的前提下擅自拉开电动门进入院子，已经是非法侵入行为。

① 参见白斌：《宪法价值领域中的涉户犯罪——基于法教义学的体系化重构》，载《法学研究》2013 年第 6 期。

（二）非法侵入住宅罪中的“非法侵入”应当达到情节严重的程度

并非所有的非法侵入住宅行为都构成非法侵入住宅罪。《刑法》第二百四十五条规定，非法侵入他人住宅，处 3 年以下有期徒刑或者拘役。《治安管理处罚法》第四十条第（三）项也规定非法侵入他人住宅的，处 10 日以上 15 日以下拘留，并处 500 元以上 1000 元以下罚款；情节较轻的，处 5 日以上 10 日以下拘留，并处 200 元以上 500 元以下罚款。虽然这两法对非法侵入住宅的行为都有相应的规定，但是如何衔接，如何适用，并没有一个统一的标准，既没法像侵财类犯罪那样量化，也没法像情节犯一样对程度作出具体的评价，由此造成在实践中的困境。

本文认为，在审查“非法侵入”行为时，即便非法侵入住宅罪是行为犯，但也应该注意刑法处罚与治安处罚的衔接，兼顾刑法的谦抑性原则，充分考量非法侵入住宅罪中“非法侵入”的行为程度。非法侵入住宅罪中的“非法侵入”其实包含两种情形：一种情形是作为的方式，非法强行闯入他人住宅；另一种情形是不作为的方式，经主人要求退出而拒不退出住宅。尤其是第二种不作为的方式，如果要定罪，恐怕是对住宅形成一定的危险或者已经造成一定的后果才会加以处理。对此，国内有些地区也尝试出台过相关的意见。①

据此，本文认为，非法侵入住宅罪中的“非法侵入”程度包括两大类情形：第一类是“非法侵入”行为本身就是具有暴力性、破坏性的非平和手段特征，此种类型主要是未经被害人同意直接闯入他人住宅的。第二类是虽采取较为平和的“非法侵入”行为进入他人住宅，但是“非法侵入”行为导致被害人住宅安宁受到严重破坏，如导致被害人精神失常、自杀等。② 此种类型包括事先未经被害人同意进入他人住宅，也包括经他人要求拒不退出的情形。

回到本案事实，本案的事情经过可以分为两个阶段。第一个阶段是从院外进入院内，该阶段甲在未征得户主王某及其家人的同意，擅自拉开本已紧密闭合状态的电动门并进入院内，王某发现后用欲用棍子打对方、推搡的行为明示了其主观上是反对甲进入其住宅的，所以甲这个阶段的行为系非法侵入行为；第二个阶段从别墅院内到别墅内屋，该阶段虽是王某妻子的“主动要求”下进入别墅内屋，并不能说明之前的侵入住宅行为已

---

① 比如，2007 年 3 月，《广州市政法机关关于办理入户盗窃犯罪案件的若干意见》第四条规定，入户盗窃，因盗窃数额或次数未达到起刑点，但具有下列情形之一的，以非法侵入住宅罪定罪处罚：（1）以撬窗、破门、挖洞等破坏性手段入户的；（2）携带凶器入户或入户后准备凶器的；（3）其他严重影响他人正常生活和居住安宁的。本文结合相关司法判例来看，如果存在以下几个方面可以认为非法侵入达到了情节严重的程度：1. 非法侵入他人住宅，经过较长时间拒不退出的；2. 多次非法侵入他人住宅或聚众非法侵入他人住宅的；3. 非法侵入他人住宅，谩骂、侮辱、殴打他人的；4. 非法侵入他人住宅，故意毁坏财物的；5. 非法侵入他人住宅，强拿硬要财物的；6. 非法侵入他人住宅，将危险物、污染物放置宅院的；7. 非法侵入他人住宅，致使他人精神失常、自杀的；8. 携带凶器非法侵入的；9. 以撬窗、破门、挖洞等破坏性方式进入他人住宅的。

② 对此，刑法学者张明楷教授在最近的论文《论缓和的结果归属》也提出，“刑法分则虽然没有将情节严重、情节恶劣规定为犯罪的成立条件，但事实上需要情节严重、恶劣才能以犯罪论处时，为了限制处罚范围，将引起自杀作为限制条件之一是完全可以接受的”，其中就举例非法侵入住宅罪与治安管理处罚的非法侵入住宅行为。

经中断,也并不意味着非法侵入住宅行为已经结束,法律事实可以分为两个阶段,但是非法状态仍在持续过程中。对于未发生肢体触碰仅争吵,户主的死亡结果应当结合案情作出法律上的评价。

(三)本案非法侵入情节严重的重要表现:被害人的死亡

1. 本案中的推搡行为非"实行行为",无关"刑法因果关系"。所谓"实行行为",是指实行行为并非泛指任何与危害结果具有某种联系的行为,而必须是类型性的法益侵害行为。[①] 评判具体行为有无"高度致害的危险性",应当以社会上一般人的认识能力和水平为基本评价标准。[②] 具体到本案,甲与被害人王某之间的争吵、推搡较轻微,没有达到直接伤害或者可能伤害到对方的程度,是能够被一般人所容忍的。甲之所以闯入被害人家里,其目的也只是要债,而不具有伤害的故意。既然客观无实行行为,则无须探讨被害人的死亡结果与先前的争吵、推搡行为之间有无刑法上的因果关系。同时,主观也无伤害或者杀人的故意,并且之前也不知晓被害人有冠心病,不存在过失。可排除故意杀人罪和过失致人死亡罪的成立。

2. 居民的人身安全包含于居住安宁权的保护范围内。古罗马时期就有"国家安宁是最高的法律、公共安宁是最高的法律、国民的安宁是最高的法律"的法谚,这就说明了安宁利益在法律中的重要性。[③] 司法解释没有明确规定何为安宁,本文认为,安宁权一方面表现为人的内在感受,即住宅权人的感受;另一方面是表现为外在人的行为,即侵犯住宅行为人的具体行为,包括争吵、砸毁、殴打。我国《刑法》之所以将非法侵入住宅罪置于"侵犯公民人身权利、民主权利罪"这一章节,说明此罪保护的主要还是户主的人身权利,先有人身安全,才有居住安宁权。有学者将住宅不受侵犯视为人身自由权衍生出来的一种权利,认为其包含了"个人对作为住宅的房屋的财产权""人身安全权、休息权以及放置于住宅内的不愿为人所知的现金、首饰、先人唯一照片等生活上的利益"。[④] 户主的人身安全应当作为居住安宁权要素之一是符合一般民众的社会价值观的。

3. 本案的行为人应承担被害人死亡结果的"缓和"责任。上文已论述了关于甲的行为与被害人的死亡结果之间无法用刑法上的因果关系建立联系,但是这并不意味着甲就无须对被害人的死亡结果承担责任。缓和的结果归属是中国现有环境下特有的一种法律现象。缓和表现在两个方面:一是结果归属的条件缓和,基本上只要具备一定的条件关系,就将结果归属于行为人的行为,让行为人对结果负责;二是结果归属后的刑事责任追究相对缓和,即行为人对结果所承担的刑事责任一般轻于基于通常的结果归属所承担

---

① 参见陈志军:《准确认定实行行为与伤亡结果之间因果关系》,载正义网:http://www.jcrb.com/xztpd/ZT2019/201904/kllgiy/slg_66567/201904/t20190429_1996299.html,最后访问日期:2019 年 7 月 30 日。

② 参见黄祥青:《轻微暴力致人死亡案件定性研究》,载《法律适用》2016 年第 3 期。

③ 转引自何建国:《生活安宁权及其保护探析》,载《西安石油大学学报》2016 年第 4 期。

④ 参见张千帆主编:《宪法学》,法律出版社 2008 年版,第 184 页。

的刑事责任。[①] 比如,非法侵入他人住宅后引起被害人自杀的,可将该自杀结果归属于前面的非法侵入行为,而不用承担故意杀人罪或者过失致人死亡罪的刑事责任,而此时的自杀结果便是前面非法侵入行为的情节严重的体现。同样地,被害人因突发疾病死亡的结果虽然与行为不符合通常的结果归属条件,不构成故意杀人罪或者过失致人死亡罪,但是可适用"缓和的结果归属理论",将被害人的死亡结果评价为行为人达到了非法侵入住宅中情节严重的程度,并且需要为此承担一定的责任。

在本案中,王某的死亡虽然不是甲直接导致的,但是先前的非法侵入、争吵、推搡一系列的行为诱发了其情绪激动,最终导致疾病突发。虽然,第二阶段中,被害人王某的妻子是同意甲进入别墅内的,但是并不能因此否定先前第一阶段的闯入行为本身已经是"非法侵入"。本文认为,甲的行为在未征得被害人王某同意的情况下,擅自拉开电动门进入院内,是非法侵入行为,从擅自踏入被害人王某院子的那一刻起,王某的居住安宁已经处于被持续侵害中。被害人王某突发疾病死亡的结果,虽然与行为人非法侵入行为无直接的因果关系,但是该结果可评价为非法侵入行为导致被害人居住安宁权被严重侵害的因素,符合情节严重的标准。甲应当承担一定的缓和责任,故甲的行为构成非法侵入住宅罪。

四、处理结果

最终,某人民检察院对被告人甲以非法侵入住宅罪提起公诉,某法院对其以非法侵入住宅罪判处有期徒刑一年。

---

① 参见张明楷:《论缓和的结果归属》,载《中国法学》2019 年第 3 期。

图书在版编目(CIP)数据

检察研究．2020 年．第 2 辑 / 江苏省人民检察院组织编写．-- 北京：法律出版社，2020

ISBN 978－7－5197－4606－3

Ⅰ．①检… Ⅱ．①江… Ⅲ．①检察机关－工作－中国－文集 Ⅳ．①D926.3－53

中国版本图书馆 CIP 数据核字(2020)第 093879 号

《检察研究》2020 年第 2 辑
《JIANCHA YANJIU》2020 NIAN DI 2 JI

江苏省人民检察院 组织编写

责任编辑 许 睿
装帧设计 李 瞻

编辑统筹 司法实务出版分社
出版 法律出版社
开本 787 毫米×1092 毫米 1/16
总发行 中国法律图书有限公司
印张 7.5
经销 新华书店
字数 153 千
印刷 永清县金鑫印刷有限公司
版本 2020 年 7 月第 1 版
责任印制 胡晓雅
印次 2020 年 7 月第 1 次印刷

法律出版社/北京市丰台区莲花池西里 7 号(100073)
网址/www.lawpress.com.cn
投稿邮箱/info@lawpress.com.cn
举报维权邮箱/jbwq@lawpress.com.cn
销售热线/400－660－8393
咨询电话/010－63939796

中国法律图书有限公司/北京市丰台区莲花池西里 7 号(100073)
全国各地中法图分、子公司销售电话：
统一销售客服/400－660－8393/6393
第一法律书店/010－83938432/8433
西安分公司/029－85330678
重庆分公司/023－67453036
上海分公司/021－62071639/1636
深圳分公司/0755－83072995

书号:ISBN 978－7－5197－4606－3
定价:30.00 元
(如有缺页或倒装,中国法律图书有限公司负责退换)